“对外经济贸易大学中央高校基本科研业务费专项资金资助（19QN06）——社会主义核心价值观引领下的公民道德建设研究阶段性成果”。

北京高校中国特色社会主义理论研究协同创新中心（对外经济贸易大学）阶段性成果。

# 民国时期教育界人士公民教育思想研究

于玲玲／著



知识产权出版社
全国百佳图书出版单位
—北京—

**图书在版编目（CIP）数据**

民国时期教育界人士公民教育思想研究/于玲玲著. —北京：知识产权出版社，2020.7

ISBN 978-7-5130-6951-9

Ⅰ.①民… Ⅱ.①于… Ⅲ.①教育工作者—公民教育—教育思想—研究—中国—近代 Ⅳ.①D693.4

中国版本图书馆 CIP 数据核字（2020）第 089630 号

**责任编辑：**贺小霞　　**责任校对：**潘凤越

**封面设计：**刘　伟　　**责任印制：**孙婷婷

**民国时期教育界人士公民教育思想研究**

于玲玲　著

| | | | |
|---|---|---|---|
| **出版发行：** | 知识产权出版社有限责任公司 | **网　　址：** | http：//www.ipph.cn |
| **社　　址：** | 北京市海淀区气象路 50 号院 | **邮　　编：** | 100081 |
| **责编电话：** | 010-82000860 转 8129 | **责编邮箱：** | 2006HeXiaoXia@sina.com |
| **发行电话：** | 010-82000860 转 8101/8102 | **发行传真：** | 010-82000893/82005070/82000270 |
| **印　　刷：** | 北京建宏印刷有限公司 | **经　　销：** | 各大网上书店、新华书店及相关专业书店 |
| **开　　本：** | 787mm×1092mm　1/16 | **印　　张：** | 12.25 |
| **版　　次：** | 2020 年 7 月第 1 版 | **印　　次：** | 2020 年 7 月第 1 次印刷 |
| **字　　数：** | 210 千字 | **定　　价：** | 58.00 元 |

ISBN 978-7-5130-6951-9

# 序

在人类社会发展的历史长河中，无论什么时代，都不能缺少教育。教育是什么，教什么、怎么教、教给谁、谁来教等一系列由教育理论与实践引发的种种问题，也随着历史的发展不断被提出、解决或部分解决，再提出、再解决……古往今来无数学人对教育的理论思考和实践反思，固然有永远开拓创新的必要，而对已有的探索和贡献、取得的经验和教训，当代人也有梳理发掘反思之必需。对我国近代后期产生的公民教育思想研究，虽然只是学术研究之浩瀚大海中的一个小水滴，也是一种贡献，值得努力。

本书选题源自教育部人文社会科学研究规划基金项目（13YJA710020），体现出作者的责任担当以及学术研究的敏感性、创新性和自觉性。全书通过全面考察民国时期教育界人士公民教育的理论与实践这一特有视角，研究阐述民国时期公民及公民教育思想何以在战乱纷争、内忧外患的中国被引入、传播并取得一定发展，呈现出民国时期公民教育理论与实践发展状况，总结出在教育内容、教育方法及特点方面的规律性问题，并在此基础上运用辩证唯物主义的基本观点分析了民国时期教育界人士公民教育思想的进步意义和历史社会局限。该研究对新时代中国社会发展、文化建设及公民道德建设具有一定积极现实启示。

通览全书，体系较完整、资料翔实、内容丰富，凝结着作者的诸多艰辛和汗水。其有三个特点印象深刻：一、对民国时期公民教育思想做了客观研究和较系统理论概括。既浓墨重彩地揭示了民国时期教育界人士公民教育的历史起因、主要内容、主要方法和基本特点，又实事求是地剖析了公民教育思想的理论价值、社会意义、理论局限和社会历史局限。回溯历史，又不止于历史，而是在反观历史探求公民教育的理论之源和学术之本时，思考当今社会如何提高“公民文明素质”“全面提高公民道德素质”，为推进落实“新时代公民道德建设工程”等提供借鉴思考。二、其研究成果建立在大量有价值的一手材料基础上。书中基本内容的分析阐述，建立在对研究范围内现存史料尽可能全面的研读和系统梳理的基础上。作者运用现代科技手段和传统文献查阅考证方法，发掘并梳理了大量民国时期公民教育的译著、译文、编著、政策文本、报刊文论、讲稿等公民教育的一手史料，有些是第一次被呈现。获取的材料有新意，来源真实可靠，以力求其民国时期公民教育思想研究的客观性。三、对民国时期公民教育著书立说的教育界人士之研究富有成效。挖掘出民国时期一些对公民教育的引入与传播贡献突出的教育界先进人士，其中有如杨贤江、恽代英、钱亦石等一批优秀的共产党员，及蔡元培、刘湛恩、熊子容、袁公为、舒新城、晏阳初、范畴康、陶行知、龚启昌等进步人士，并因此产生了一些好的社会影响。

诚然，本书对民国时期公民教育的历史考察有难度有价值，可也并不容易一下就能说透彻。希望作者在今后的研究中结合社会历史发展及现实进程，进一步深化和拓展此领域的相关研究，进一步丰富研究资料，深化理论分析、提炼新观点、形成新认识，且使问题阐述更为系统完善，更具理论意义和时代价值。

作为教师的我，最高兴的事莫过于看到学生的成长和进步。本书的作者是我曾经的学生，得知其博士论文经修改后将要出版，我的内心充满期待和喜悦。当年她博士在读期间，常常紧握拳头说着“好的，我奋斗”作为我们交流结语时的画面，历历在目。在求学求真的道路上，祝愿她把教学和科研相结合，为人才培养和学术进步不懈奋斗，建功立业。

北京大学马克思主义学院教授　博士生导师　李毅红

2019 年 7 月 29 日

# 前　言

公民及公民教育思想曾在民国时期兴盛一时。民国时期，既充斥着战乱纷争、内忧外患，也孕育着民族觉醒、文化自觉。据我国近代教育家舒新城在《近代中国教育思想史》中所述，中国教育在近代，从“中学为体西学为用”转为“有抉择地褒扬固有文化，有抉择地采用西洋文化”，1840 年至民国以前，处于一个被动模仿西方教育的时期，之后经历了主动自觉期，一些仁人志士为了拯救灾难深重的中国，以无比的热情向西方寻找救国救民的真理，在教育思想领域或借鉴西方，或继承传统，或自主萌生了形形色色的教育思想，对当时的中国来讲都是较为先进的。“新思潮之输入，如火如荼……以惟以多为贵，而社会亦欢迎之”[1]。如有，军国民与军事思想、方言教育思想、独立教育思想、国家主义教育思想、西学教育思想、西艺教育思想、实利与实用思想、美感思想、大同思想、职业思想、民治思想、独立思想、科学思想、非宗教思想、国家思想、公民教育思想、党化思想、女子教育思想、华侨教育思想等。[2] 当时教育界仁人志士对这些思想的引入与传播，实为应对列强入侵、民族蒙难的一种文化自觉，诉诸教育救国。其中，由向西方借鉴而来的公民教育思想是主要内容之一，致力于在战乱纷争、内忧外患的中国近代社会环境中，改造传统落后的国民性，激发民族意识、国家观念、公民意识的觉醒，塑造具有“团结力”“公共心”“判断力”“正义心”的现代公民，使广大国民树立“天下兴亡、匹夫有责”的爱国情怀，以民族复兴事业为己任，拯救民族危亡，实现国家繁荣强盛。

---

[1] 梁启超．清代学术概论［M］．上海：商务印书馆，1921：72.

[2] 舒新城．近代中国教育思想史［M］．福州：福建教育出版社，2007.

教育界是民国时期力倡公民教育的主要领域之一。1919 年，民国教育部颁布新教育宗旨，即“养成健全人格，发扬共和精神”❶，所谓“健全人格”，应当具有下列条件：“一、私德为立身之本，公德为服役社会国家之本。二、人生所必需之知识技能。三、强健活泼之体格。四、优美和乐之感情。”❷ 所谓“共和精神”，指的是：“一、发挥平民主义，俾人人知民治为立国之本。二、养成公民自治习惯，俾人人能负国家社会之责任。”❸该教育宗旨已经充满了公民教育思想，颁布后在学校教育中“公民科”代替了原有的“修身科”，对公民教育实施力度可见一斑。可以说，公民教育思想在民国初期教育界得到了广泛的传播与发展。当时的教育家，如蔡元培、熊子容、龚启昌、袁公为、杨贤江、刘湛恩、晏阳初、陶行知、朱元善、周鲠生、梁漱溟、李大钊、恽代英、雷沛鸿、李蒸、王荚、程湘帆、顾树森、蒋梦麟、廖世承、俞子夷、赵演、郑一华、汪懋祖、张粒民、周天冲、魏志澄、钱亦石、范寿康等都在不同程度上倡导公民教育思想或尝试公民教育实践。这些先进教育人士身处中国“数千年未有之变局”，围绕着“救亡图存”的时代主题，怀着强烈的爱国情感，对民族前途、国家发展表示深深的担忧，他们从民族近代危机中愈来愈清晰地认识到国民素质与民族国家间的血肉联系，唯有效法先进的教育才能提高国民素质，且通过制定新教育方针、著书立说、组织实践等形式积极引入和传播公民教育思想，希冀通过公民教育改变传统国民性，塑造现代公民。这不仅饱含着先进知识分子对中华民族未来发展的深切忧虑，也体现了对中华民族未来发展的深度思考，是教育者的职业自觉，更源于恪守的教育良知。他们为公民教育在民国时期的兴起与发展做出了重要贡献。

全书以教育界人士作为研究对象，探究民国时期的公民教育思想。从前文提到的教育人士中，着重选取了蔡元培、晏阳初、舒新城、袁公为、刘湛恩、龚启昌、熊子容、杨贤江等，作为本书的重点研究对象。首先，概述近代中国公民教育产生的社会历史背景，分析公民教育何以为先进的

❶ 舒新城. 近代中国教育史料［M］. 北京：中国人民大学出版社，2012：255.
❷ 舒新城. 近代中国教育史料［M］. 北京：中国人民大学出版社，2012：255.
❸ 舒新城. 近代中国教育史料［M］. 北京：中国人民大学出版社，2012：255.

教育界人士积极引入与传播，阐述教育界人士如何推动公民教育在民国时期的发展。这主要包括清末民初深重的民族危机引发的对西方公民教育思想的诉求、民国时期教育界人士倡导公民教育的主观动因及他们在公民教育领域中的主要作为三部分内容。其次，研究民国时期教育界人士公民教育内容，主要包括以“国家—社会—个人”为体系的公民道德教育和以国家利益为核心的公民意识教育。其中，以“国家—社会—个人”为体系的公民道德教育在国家层面、社会层面、公民个人层面各有不同的道德内容和道德要求。如在国家层面，侧重培养爱国情感和民族精神；在社会层面，注重培育公共心和责任心；在公民个人层面，着重强调平等、自由、亲爱、自制等。以国家利益为核心的公民意识教育，主要包括权利义务观、政治参与意识、民主法治观、民族国家观等内容，培育现代公民。再次，对民国时期教育界人士公民教育方法的考察中，重点总结出以家庭、学校、社会组织为中心的公民训练和以公民自治力为培养目标的公民自治教育两个基本方法。在家庭的公民训练中，注重家庭在培育公民良好个性品质中的基础性意义；在学校的公民训练中，注重课内公民训练与课外公民训练相结合、挖掘与公民科相关学科的教育作用以及各有侧重的中小学公民训练；在社会的公民训练中，侧重筹划公民组织、开展公民活动及利用社会教育资源。以公民自治力为培养目标的公民自治教育，在民国时期教育界人士的公民教育视域中，形成了三个主要观点，即公民自治既是培育公民独立自强精神的重要方法，也是培养公民公共意识的基本途径，且注重在公民实践活动中发展公民自治能力。然后，在系统分析民国时期教育界人士公民教育起因、内容与方法的基础上，总结公民教育思想呈现的四个主要特点：培养健全公民的教育目标、中西结合的教育内容、多元并存的教育理念及公民教育观的共和主义倾向。最后，运用历史唯物主义和辩证唯物主义基本观点分析民国时期教育界人士公民教育思想的理论价值、社会意义及其局限性。

本书在博士学位论文的基础上进一步修改、完善而成。从论文开题到毕业答辩，离不开北京大学马克思主义学院思想政治教育教研室所有老师们的关心和支持。在这里，真诚地表示感谢。其中，特别要感谢我的导师。从选题、构思、写作、修改到成稿、成书、出版，凝结着李毅红老师的支持鼓励和悉心指导。她给予了我莫大的信任、支持和教导，让我不断地读书思考，不断地提升写作水平，不断地收获学习的获得感和自信心。自我参加工作以来，李老师也一如既往地关心我的教学与研究工作，并督促我进一步完善书稿，提出了诸多宝贵的指导意见，使书稿最终有机会与大家见面。同时，本书也饱含着我四年学习时光的全部心血和工作三年的些许积累。为进一步提升书稿的质量，我查找、翻阅了大量的民国时期教育界人士公民教育的著作、期刊、演讲、教材等，以期尽量掌握较为全面的公民教育史料，力求论点正确、论据充实、论证有力，使之具有较强的理论性和可读性。希望本书的出版可与各位有志于公民教育研究的同仁交流切磋。也需指出的是，由于我的学识和精力有限，书中难免有不妥之处，还请学界同仁多多批评指正。

于玲玲

2019 年 7 月 12 日

# 目 录

# 导 论

## 一、问题的提出

当前，我国学界和社会上关于公民教育的议题一再被提及。究竟何为公民教育，它何以在我国兴起，且在民国初期二十年间得以快速的传播与发展已然成为学界人士关注的热点问题。

### （一）选题缘由

现代公民教育源于法国大革命时期，提倡摆脱中世纪封建专制制度和封建神学思想的统治，主张天赋人权，张扬人性和人的主体地位，宣扬自由、平等、博爱理念，是西方资产阶级在反对封建专制体制、建立和巩固资本主义制度斗争中的思想政治文化利器，也是社会发展进程中资本主义政治文明的重要成果。

当代社会，公民教育已然成为世界上一些国家在不同的社会制度、经济条件、政治环境下普遍关注的重要问题。这些国家立足本国的政治制度和经济条件，实施适于本国的公民教育，在世界范围内形成了形态不同、名称各异的公民教育，成为这些国家思想教育、政治教育、道德教育、法治教育等的主要载体。在美国，公民教育通过《公民与政治》《公民学》《国家管理》等课程进行，注重“培养认同美国宪法民主制度基本价值观和基本原理的合格公民，并使他们有见识、负责任地参与到政治生活中”[1]。英国在 1990

---

[1] 王定华. 美国加强爱国主义教育增进新一代对国家的认同［EB/OL］. 腾讯教育网，http：//edu. qq. com/a/20120210/000217. htm.

年把公民教育正式列为国家课程计划，该课程注重培养民主参与能力，塑造在公共生活中发挥影响力的积极公民。法国把提高共和国公民品质作为公民教育的重要目标，注重培养公民知识与能力、公民的美德和责任及公民对国家的认同。德国在1990年实现国家统一后，其学校公民教育以民主知识为核心内容，注重培育有判断力和社会责任感的公民。日本20世纪80年代后的公民教育注重培育具有民主主义色彩的完善人格，即具有“以实现成熟的和平国家、文化国家和民主主义为目标的正确的国家意识，自觉意识，重视劳动与责任等的社会责任……”[1] 这些资本主义国家的公民教育旨在培养具有资产阶级民主理论与民主行为的公民，且日益呈现出教育目标明确、教育内容丰富、教育方法多元、教育途径多样等特点，在提高国民素质、建设政治文明、推动社会发展中日益丰富着现代公民教育理论与实践。

我国公民教育萌芽于清末，随着资产阶级民主革命推翻封建帝制新立民国而获得迅速发展，原因是多方面的，有政府的上层推动、有民间社会力量的助力、也有教育界的倡导等。其中，教育界的一些仁人志士，如蔡元培、熊子容、袁公为、杨贤江、刘湛恩、晏阳初、舒新城、龚启昌、范畴康、钱亦石、恽代英等积极引入与传播西方公民教育思想。他们有着作为教育家的敏锐洞察力和高度职业自觉，面对近代中国“数千年未有之变局”，强烈地意识到这种变局与中国的落后是分不开的，发现古老的刀矛弓矢抵挡不住外国的坚船利炮，古老的思想文化也抵挡不住西学的传入，纷纷从“富国强民”的角度呼吁教育救国，主张教育变革与创新，引进与传播西方的公民教育思想，希冀改变中国积贫积弱的落后状态。他们通过制定新教育方针、著书立说、组织实践等主要形式宣传公民教育，已形成丰富的公民教育思想和形式多样的公民教育实践，迎来了我国公民教育的第一个快速发展时期。

中华人民共和国成立至1978年，国际局势紧张，国内百废待兴，思想政治教育已完全取代公民教育，公民教育历经近30年之久的沉寂。自改革开放以来，西方思想文化的不断传入及国内政治、社会民主氛围逐渐形

[1] 唐克军. 比较公民教育［M］. 北京：中国社会科学出版社，2008：85.

成，公民教育的理论与实践问题再度被提及，学界对公民教育研究的关注也在升温。21世纪初，学界已有关于公民教育问题研究的三条路径之思考：一是对国外学者关于公民教育理论资源和经验积淀的译介和评介；二是对我国近代公民和公民教育思想的梳理和反思；三是以中国现代化进程的实际为坐标，不断形成和拓展公民教育研究的问题域。[1] 而就对我国近代公民和公民教育思想的梳理和反思来说，研究明显不足。如这些年来，一些学者对中国近代教育思潮和流派从整体上进行介绍、梳理与研究时，多涉猎洋务教育、维新教育、职业教育、平民教育、乡村教育、生活教育、科学教育、实用主义教育、军国民教育、美感教育、教育独立、留学教育等，而对公民教育思想少有系统提炼与深入探讨。据目前统计，尽管学界已有一些期刊论文对中国近代公民或公民教育思想进行了研究，但缺乏系统深入的探究，至今也只发现一本研究中国近代公民教育思想的专著。在一些现代教育学者关于中国近代教育思想史的著作中，如在《沟通与融合——中国近现代教育思想史》中，阐述我国近代教育思想的演变时，提到洋务教育思想、维新教育思想、军国民教育、实利主义教育、科学教育、义务教育、平民教育、个性教育思想等，其中未提及公民教育思想。[2] 又如《中国近现代教育思潮与流派》一书，在系统阐述我国近代教育思想时，除了包括上书中所提出的教育思想外，并涉及经世致用教育、民主革命教育、反复古教育、"三民主义"教育、新民主主义教育、国家主义教育、工读主义教育、生产教育等思想，但同样未涉及公民教育思想。[3] 还有如专著《中国教育史稿》（古代、近代部分），按历史分期编著的中国教育史稿中，近代部分有太平天国教育、洋务运动时期的教育、维新运动时期的教育、清朝末年的教育、辛亥革命时期的教育、北洋军阀统治时期的封建复古教育，其中也未提及公民教育思想。[4] 此外，《中国近代教育史资料汇编》（上海教育出版社2007年版）[5]、《近代中国教育史》

---

[1] 李芳．改革开放以来中国公民教育问题研究路径综述［J］．理论学刊，2006（3）．

[2] 朱永新．沟通与融合——中国近现代教育思想史［M］．北京：人民教育出版社，2004．

[3] 董宝良，周洪宇．中国近现代教育思潮与流派［M］．北京：人民教育出版社，1997．

[4] 杨少松，周毅成．中国教育史稿：古代、近代部分［M］．北京：教育科学出版社，1989．

[5] 陈元辉．中国近代教育史资料汇编［M］．上海：上海教育出版社，2007．

(台湾中华书局股份有限公司 1979 年版)[1]、《西学东渐与中国近代教育思潮》(高等教育出版社 2002 年版)[2]、《中国近代教育史》(人民教育出版社 1979 年版)[3]、《中国近现代教育思想》(广东教育出版社 2009 年版)[4]等均未把公民教育思想作为我国近代一支独立的教育思潮给予介绍和研究。公民教育作为我国近代真实存在且发生作用的社会教育思潮，有待更多的学者关注与深入研究。

为此，本书通过对教育界人士的考察，探究民国时期的公民教育缘起，剖析民国时期教育界人士的公民教育思想，进而结合现实探究他们公民教育思想的理论价值、社会意义及其历史局限性。

### （二）研究意义

结合现阶段中国社会现实，探究民国时期教育界人士的公民教育思想，具有一定的理论意义和现实意义。

1. 有助于提高现代公民道德素质，推进公民道德建设工程

实施公民道德建设、提高公民道德素质是一项关系到当前我国社会与经济发展的重大现实问题。2001 年 9 月，为加强社会主义思想道德建设，发展社会主义先进文化，中共中央印发了《公民道德建设实施纲要》。该纲要指出，从我国历史和现实的国情出发，社会主义道德建设要坚持以为人民服务为核心，以集体主义为原则，以爱祖国、爱人民、爱劳动、爱科学、爱社会主义为基本要求，以社会公德、职业道德、家庭美德为着力点。[5] 这是中国共产党首次颁布的关于公民道德建设的系统、全面的纲领性文件。其中，以“爱国守法、明礼诚信、团结友善、勤俭自强、敬业奉献”为主要内容的公民道德基本规范，简明扼要地规定了社会主义合格公民应当具备的思想观念和行为规范。2002 年 11 月，党的十六大报告中强

---

❶ 陈启天. 近代中国教育史［M］. 台北：台湾中华书局股份有限公司，1979.

❷ 粟洪武. 西学东渐与中国近代教育思潮［M］. 北京：高等教育出版社，2002.

❸ 陈景磐. 中国近代教育史［M］. 北京：人民教育出版社，1979.

❹ 张传燧. 中国近现代教育思想［M］. 广东：广东教育出版社，2009.

❺ 中共中央关于印发《公民道德建设实施纲要》的通知（中发〔2001〕15 号），2001 年 9 月 20 日.

调，认真贯彻公民道德建设实施纲要，弘扬爱国主义精神，以为人民服务为核心、以集体主义为原则、以诚实守信为重点，加强社会公德、职业道德和家庭美德教育。[1] 2007 年 10 月，党的十七大报告中也再次重申，大力弘扬爱国主义、集体主义、社会主义思想，以增强诚信意识为重点，加强社会公德、职业道德、家庭美德、个人品德建设，发挥道德模范榜样作用，引导人们自觉履行法定义务、社会责任、家庭责任。[2] 2012 年 11 月，党的十八大报告中明确指出，全面提高公民道德素质是社会主义道德建设的基本任务。加强社会公德、职业道德、家庭美德、个人品德教育是全面提高公民道德素质的重要途径。[3] 2017 年 10 月，党的十九大报告中再次重申，“深入实施公民道德建设工程，推进社会公德、职业道德、家庭美德、个人品德建设，激励人们向上向善、孝老爱亲，忠于祖国、忠于人民。”[4] 2019 年 10 月，中共中央、国务院印发了《新时代公民道德建设实施纲要》，立足中国特色社会主义已经进入新时代，对新时代公民道德建设提出了新的更高要求。由此可见，中国共产党一直高度重视公民道德建设，不断加强公民道德建设的重要作用。可以说，公民道德建设随着改革开放和现代化建设的快速发展而得以不断深化和拓展，步入新时代更要发挥其在弘扬民族精神和时代精神，形成良好的社会道德风尚，促进物质文明与精神文明协调发展，全面推进建设中国特色社会主义伟大事业等方面的积极意义。因而，探析民国时期教育界人士公民教育思想，借鉴其中公民道德教育的有益经验，对于提高公民道德素质，推进公民道德建设工程具有一定的启示意义。

2. 有助于加强公民意识教育，发展社会主义民主政治

公民教育是当今世界许多国家培育民主政治主体的重要途径。2007 年

---

[1] 江泽民. 在中国共产党第十六次全国代表大会上的报告——全面建设小康社会 开创中国特色社会主义事业新局面［M］. 北京：人民出版社，2002.

[2] 胡锦涛. 在中国共产党第十七次全国代表大会上的报告——高举中国特色社会主义伟大旗帜 为夺取全面建设小康社会新胜利而奋斗［M］. 北京：人民出版社，2007.

[3] 胡锦涛. 在中国共产党第十八次全国代表大会上的报告——坚定不移沿着中国特色社会主义道路前进 为全面建成小康社会而奋斗［M］. 北京：人民出版社，2012.

[4] 习近平. 在中国共产党第十九次全国代表大会上的报告——决胜全面建成小康社会 夺取新时代中国特色社会主义伟大胜利［M］. 北京：人民出版社 . 2017.

10 月，党的十七大报告中提出，为扩大人民民主，保证人民当家做主，要“加强公民意识教育，树立社会主义民主法治、自由平等、公平正义理念”❶。2012 年 11 月，党的十八大报告中也指出：“继续积极稳妥推进政治体制改革，发展更加广泛、更加充分、更加健全的人民民主。必须坚持党的领导、人民当家做主、依法治国有机统一，以保证人民当家做主为根本，以增强党和国家活力、调动人民积极性为目标，扩大社会主义民主，加快建设社会主义法治国家，发展社会主义政治文明。”❷ 2017 年 10 月，党的十九大报告中也明确提出，健全人民当家做主制度体系，发展社会主义民主政治。由此可见，建设社会主义民主政治，发展社会主义政治文明是我们国家治理体系中一项重大而艰巨的任务。建设什么样的国家、什么样的社会，人是关键性因素。发展社会主义民主政治亦是如此。探究民国时期教育界人士公民教育思想，借鉴公民意识教育，培育权利义务观、政治参与意识、民主法治观、民族国家观，对塑造公民身份、培育公民的政治参与能力，构建社会主义民主政治具有积极意义。

3. 有利于树立文化自觉与文化自信，助力构建社会主义文化强国

如前所述，民国时期的公民教育的缘起之一是教育界人士为挽救近代民族危机、实现教育救国所产生的文化自觉。从这一点可以看出，中国人是有文化自觉的，尤其是在面临亡国灭种的近代社会环境中。当今，我们处在和平与发展的时代，为了弘扬中华民族优秀传统文化、革命文化，进一步发展社会主义先进文化，需要高度的文化自觉，才能使我国由社会主义文化大国向文化强国迈进。借鉴民国时期教育界人士引入传播西方公民教育思想，并与中国的实际相结合，开展公民教育教学、研究与实践的做法和精神，以一种开放的心态，立足本国文化的发展与创新，吸收借鉴人类发展的一切文明成果，为我所用，积极构建社会主义文化强国。

---

❶ 胡锦涛. 在中国共产党第十七次全国代表大会上的报告——高举中国特色社会主义伟大旗帜　为夺取全面建设小康社会新胜利而奋斗［M］. 北京：人民出版社，2007.

❷ 胡锦涛. 在中国共产党第十八次全国代表大会上的报告——坚定不移沿着中国特色社会主义道路前进　为全面建成小康社会而奋斗［M］. 北京：人民出版社，2012.

## 二、研究综述

围绕着主题，对中国知网、国家图书馆、北京大学图书馆等资源进行了全面文献检索。经过较系统的文献分析与整理，可将现有的研究成果总结为“公民及公民教育的概念研究”“近代中国公民教育的发展史研究”“民国时期教育界人士公民教育思想研究”三个主要方面。

### （一）关于公民及公民教育的概念研究

“弄清‘公民’‘公民教育’两个核心概念是研究民国时期公民教育思想的基本前提。”

1. 公民概念

关于公民概念，学者们有不同的界定，可大致概括为以下几种代表性观点。

一是从词源学角度，先分别考证“公”和“民”两字的内涵，再进一步阐释“公民”一词的含义。如：馨元指出，“公”是一个会意字。上面是“八”，表示相背，下面是“厶”（“私”的本字）。两者合起来表示“与私相背”，取“公正无私”之义。“民”字有两种解释，第一是从古文之象。古文从母，取蕃育意。古代指黎民百姓，平民，与君、官对称。第二是泛指人。[1] 因此，“公民”是指公正无私的人。

二是从法律意义上界定公民的概念。主要存在两种观点。第一种观点认为，公民是“以国籍所确定的与特定国家保持固定永久的最基本法律关系的自然人”[2]。这一观点包含两方面意思：一方面指出，公民是固定地、持续地拥有某一特定国家国籍的人；另一方面指出，公民是依法享有权利且履行义务的人。第二种观点认为，公民是指具有特定国家国籍的自然人。[3] 该观点重在强调成为某国公民的关键要具有该国的国籍，但并不要

---

[1] 馨元. 公民概念在我国的发展［J］. 法学，2004（6）.

[2] 唐珠瑶. 公民概念质疑［J］. 中国法学，1993（4）.

[3] 许崇德. 宪法学［M］. 北京：高等教育出版社，2000：321.

求公民必须享有权利和承担义务。

三是从公民与民族、国家的关系上阐释公民概念。在这里，把“公”的内涵注入“国家”“民族”的意义。公民作为民族国家的主要构成因素，既充分享有权利，也依法履行义务，与国家、民族有着不可分割的必然联系。如有下列观点，德国教育学家凯兴斯泰纳指出：“公民应该指的是这样一些人：无论能力大小，都必须工作，只知享受而不工作，不仅不是有用的公民，而且是不道德的；个人应将所担负的职务看作是郑重的公事，看作是对于社会团体应尽的义务，而不只是专为个人的道德主张去做；在职务完成以外，还要凭着工作去完成他的特殊人格的价值，以协助他所属的国家达到伦理化的理想方向。”商红日指出：“在现代民族国家中，公民是一个国家的正式成员，并基于权利和义务而与国家形成不能分割的联系。”[1] 曲丽涛也指出：“公民概念的内涵主要体现在它的政治要义上，它侧重于公民在人格上的独立性和平等性，在权利义务上的对等性和统一性以及在公共政治参与中的真实性和有效性，其主要反映的是公民与国家之间的关系。”[2]

四是英国学者 T. H · 马歇尔从“公民身份”所包含的公民权利、政治和社会三大要素来界定公民身份。他指出，公民身份包括“公民的因素”“政治的要素”“社会的要素”三个主要因素。“公民的要素”由个人自由所必需的权利所组成，包括人身自由、言论自由、思想和信仰自由、财产权、订立契约的权利以及获得公正审判的权利等；“政治的要素”是指公民作为政治实体所应拥有的选举权和被选举权等参与和行使政治权力的权利；而“社会的要素”是指从享有某种程度的社会福利与安全，到充分享有社会遗产并依据社会通行标准享受文明生活的权利等。[3] 由此，公民身份具有三种形态：第一种形态的公民身份意味着拥有公民政治权利；第二种形态的公民身份意味着不仅拥有公民政治权利，还拥有获得一定的社会经济保障的权利；第三种形态的公民身份则具有更多的全球化色彩，即公

---

[1] 商红日. 公民概念与公民身份理论——兼及中国公民身份问题的思考［J］. 上海师范大学学报：哲学社会科学版，2008（6）.

[2] 曲丽涛. 当代中国公民意识发育问题研究［D］. 济南：山东大学，2011.

[3] 郭忠华，刘训练. 公民身份与社会阶级［M］. 南京：江苏人民出版社，2007.

民身份还意味着有权生活在良好、安全及可持续的环境中。[1]

五是从"公民"一词的历史演变认知公民内涵。如美国学者彼得·雷森伯格在《西方公民身份传统——从柏拉图至卢梭》一书中，梳理了从古希腊到法国大革命的公民身份传统，指出公民身份的历史是一部不断斗争的历史，是公共的善一直都不得不与私人的善讨价还价和妥协退让的历史。[2] 张镇镇系统梳理了公民概念的变迁史。他指出，"在历史上，公民概念最早出现在古希腊，在那里表征的是特权身份，后历经古罗马、中世纪、近代三个时期，直至现代社会才成为表征平等权利的身份，这个过程是人从不平等走向平等、从不自由走向自由、从依附走向独立的过程。"[3] 他依据西方的三个主要历史分期，分别考察了各个时期公民概念的内涵，从宏观角度反映出公民概念的演变过程。孙玉红也提出："'公民'是个历史性的概念，原初公民—臣民—市民—公民形成了一个历史链条。现代公民概念承继了古代'公民'概念中所包含的平等、对国家的认同、集体自治等内容，并且保留了民族国家形成前的'市民'概念中的独立、自由、平等内核，同时是对'臣民'概念所蕴含的奴性的彻底反叛。再进一步，就个人与国家关系而言，原初公民反映的是个人与国家的高度同构，个人与国家是一体的……公民注重的是个人政治权利与国家政治权力的适度维系，强调个人自由权利的实现以及国家的权威性、个人对国家的认同和合作。"[4] 他从公民与国家关系发展的历史维度，于微观之处考察公民与国家之间的张弛关系，也勾勒出公民概念的历史演进。程德慧也指出，"公民是一个复杂的社会历史文化范畴，历经两千多年的历史变迁及发展，涉及学科范围非常广泛，从由单一政治学科渗透到哲学、社会学、法学、伦理学等领域，内涵越来越丰富，从追求政治权利到公民权利、政治权利和社

---

[1] 檀传宝. 论"公民"概念的特殊性与普适性——兼论公民教育概念的基本内涵［J］. 教育研究，2010（5）.

[2] 彼得·雷森伯格. 西方公民身份传统——从柏拉图到卢梭［M］. 郭台辉，译. 长春：吉林出版集团有限责任公司，2009：4.

[3] 张镇镇. 公民概念的变迁与人的发展［J］. 学校党建与思想教育，2010（13）.

[4] 孙玉红，等. 西方"公民"概念演变的历史考察——基于个人与国家关系的维度［J］. 人民论坛，2013（23）.

会权利的融合，从追求权利到权利与义务的统一与平衡等。”❶

六是超越民族国家的界限，从世界主义的分析视角，指出公民“为从属于全人类，不为任何特定政治共同体所独有”❷。

公民是一个法律概念，也是一个民族性概念，还是一个历史性概念。在法律上，公民是由国家法律所规定的具有这个国家国籍的人，且依法享有权利和履行义务。公民的民族性，其更多意为某一国家或民族的成员，且在保持国家或民族权威性的前提下使公民权利最大化。公民的历史性指的是在不同的历史时期，公民具有不同的概念，呈现出“从不平等走向平等、从不自由走向自由、从依附走向独立”的发展趋势，且由仅有公民政治权利逐渐转变为兼有公民政治权利、社会经济保障的权利和享受文明生活的权利的历史变迁过程。从中也不难看出，尽管公民有不同的概念界定，但公民权利与义务始终是公民概念的核心内容。

2. 公民教育概念

关于公民教育的概念，学界迄今尚未达成统一认识。中外学者对公民教育概念的界定，仁者见仁、智者见智。总结起来，主要有以下几种：

一是诸多学者认为，公民教育应有广义和狭义之分。如，英国学者科尔在借鉴政治学者麦克劳林关于公民身份的连续统思想的基础上，提出公民教育的连续统分析框架的观点。该框架将公民教育的属性按其表现的强弱程度，组成一个相互关联的连续体，连续体的一端表示的是正规的或传统的公民教育的各种典型特征，如“表浅的”“排他的”“狭义的公民教育”“正规的”“内容导向的”“知识为本的”“教诲式传递的”“实践中易于达成和测量的”，称之为对公民教育的最低限度的解释（minimal interpretation）；另一端则更注重公民教育的广泛性和包容性，如“浑厚的”“包容的”“广义的公民教育”“参与的”“过程导向的”“价值为本的”“互动式解释的”“实践中较难达成和测量的”，是对公民教育的最大限度的解释（maximal interpretation）。与公民身份的最小限度解释相对应的是狭义的公民教育模式（civics education），这种模式以学校正规课程为轴

---

❶ 程德慧. 当代中国学校公民意识教育研究［D］. 上海：华东师范大学，2012.

❷ 江宜桦. 公民理念与公民的教育［J］. 通识教育季刊，2005（1）.

心，注重向学生传授有关国家的历史、地理、政体和宪制等方面的知识；采用教师主导的传授式教学方式，较少关注师生间互动和发展学生的主动精神。与公民身份的最大限度解释相对应的是广义的公民教育（citizenship education），强调通过课内与课外、校内与校外、正规与非正规等一切途径，培养学生的公民知识与理解、态度与价值观、行为与能力；教育教学方式既有谆谆教诲，也强调互动和参与。[1] 可见，科尔所认定的狭义的公民教育是指学校范围内的公民教育，通过课堂教学达到公民教育的目标，强调知识本位和理论教育；而广义的公民教育指的是突破学校范围，延伸至社会领域的公民教育，通过积极参与和互动达到公民教育的目标，强调价值本位与实践操作。也有学者指出，广义的公民教育指的是培养良好公民的教育，即现代国家的基础教育，与学校教育概念一致。狭义的公民教育是指一种协调个人与政府和社会的关系的教育，其宗旨在于实现个体的政治社会化、法律社会化和道德社会化，即培养如何做合格的公民。[2]

二是有一些学者也从公民教育与民族国家的联系上界定公民教育概念。如，19 世纪德国教育家凯兴斯泰纳指出，公民教育，即国家信念的教育，培养人们将个人利益置于集体利益之中的教育，是一切教育问题中最艰巨的任务，其是以国家伦理概念为前提的，目标在于教育人们获得国家意识。[3] 民国时期教育家袁公为指出，“中国公民教育，是借伦理以及社会的知识之教学，及社会的行为之训练，使全国人民，具有国家民族之观念，及为国家民族而奋斗牺牲之感情和意志，而使人人成为国族中之有机的有效率的理想国民，及各种社会团体中之优良分子，以促进世界大同之实现的手段。”[4] 民国时期教育学家朱元善认为：“所谓公民教育者非他，乃确认个人为组织国家之分子，而藉教授训练之力，以完成其堪任公民之资格而已。”[5] 台湾地区学者张秀雄明确指出：“公民教育是指国家透过正式及非正式的教育途径，有目的、有计划的持续性对青少年及成人所实施

---

[1] 洪明，许明．国际视野中公民教育的内涵与成因［J］．国外社会科学，2002（4）．
[2] 梁金霞．中国德育向公民教育转型研究［M］．北京：知识产权出版社，2009：25．
[3] 凯兴斯泰纳教育论著选［M］．郑惠卿，译．北京：人民教育出版社，2004：232．
[4] 袁公为．公民教育概论［M］．贵阳：文通书局，1942：13．
[5] 朱元善．今后之教育方针——实施公民教育［J］．教育杂志，1916（4）．

的政治性教育，以培养能在民主社会中做一个见识广博、能承担责任、具有公民意识及社会参与能力的全方位公民。”❶ 郑州大学秦树理教授认为：“所谓公民教育是指通过适当的教育手段促使公民养成对自身角色身份的正确认识，成为依法享有权利和履行义务的责权主体，从而培养国家与社会需要的合格公民的过程。”❷ 贾蕊蕊也认为，“公民教育，即社会为培养参与国家或社会公共生活的、依法享有权利和履行义务的有效成员和明达公民的教育过程。”❸ 综合上述学者观点，公民教育旨在培养民族国家的合格公民，使其具有主流的价值观念、政治认知和道德规范。

三是也有学者从公民与社会的关系上分析公民教育。民国时期学者龚启昌指出：“公民教育是培育个人有效地参与社会生活的一种手段。”❹ 民国时期教育学家熊子容指出：“公民教育的意义为培植社会上有效率的个人，和全体个人有效率的社会行为，以达到社会效率的目标。”❺ 现代学者吴渊也指出，“公民教育在本质上是进行人的现代化的教育，目的是培养现代社会所要求具备的各项综合素质的公民。”❻ 他们共同的观点是，公民教育在于培育良好的公民，以促进社会进步与发展。

四是也有学者从公民教育与其他相关概念辨析上界定公民教育。较具代表性的是德国教育家凯兴斯泰纳。他将公民教育与其相关概念做了较严格意义上的区分。(1) 公民教育不是公民知识教育。尽管公民教育包括灌输公民常识、法律常识、宪法知识、国民经济理论、对国家机构组成的认知等，但这些并非公民教育的全部内容。公民知识教育与公民意志的锻炼、民主环境的培育、道德觉悟的培养紧密结合的时候，才构成完整的公民教育。(2) 公民教育不是经济或技术教育。虽然通过经济或技术教育培养的劳动才能和劳动热情对公民教育来说是十分必要的，但劳动能力与热情若不建立在集体主义和公德心的基础上，则与公民教育是背道而驰的。

---

❶ 张秀雄. 公民教育的理论与实施［M］. 台北：台湾师大书苑，1998：8.

❷ 秦树理. 国外公民学［M］. 郑州：郑州大学出版社，2009：288-289.

❸ 贾蕊蕊. 社会文化变迁中公民教育的本土演进——基于民国时期中小学的历史考察［D］. 上海：华东师范大学，2013.

❹ 龚启昌. 公民教育学［M］. 南京：中正书局，1947：8.

❺ 熊子容. 公民教育［M］. 上海：商务印书馆，1933：2.

❻ 吴渊，李玉良. 我国近代公民教育的概念范畴和启示［J］. 中国成人教育，2014 (9).

(3) 公民教育不是政治教育。公民教育与政治教育尽管在内涵上有相交的地方，如培养政治知识和政治情感，但二者并非完全等同。政治教育为公民教育补充政治参与的技能，公民教育是政治教育的指南针和导向图，指引着政治教育朝着正确的方向进行。(4) 公民教育不是社会教育。二者的关系在于：一方面，公民教育为社会教育提供道德勇气、友爱精神和公共意识；另一方面，公民教育比社会教育更为尊重公民的个性，充分发挥公民个体的自主性。(5) 公民教育不是职业教育。公民教育并非从属于特定教育目的而进行的活动，如好战者教育、学者教育、艺术家教育、虔诚的教徒教育、农夫教育、技术员教育、商人教育等，而是指引着人类所有教育的目标与方向。❶

五是也有学者将公民教育视为公民科教学。民国时期教育家顾树森指出：“对于公民应有之常识，国家之组织，法律之大要，以及公民之责任义务，皆为使之明晰无疑，且非特授以知识而已，在学校中又与相当练习之机会，所谓公民教育是也。”❷ 从学校教育层面，将公民教育视为公民知识教学与实践。孙兰芝也指出，“所谓公民教育，就是为培养、训练具有良好政治、思想、道德素质，适应国家和社会发展需要的公民而进行的政治、思想和道德教育。”❸ 显然，公民教育指的是学校的公民科教学。

学者们从多维视角阐释公民教育，大体分为狭义的公民教育和广义的公民教育。其中，狭义的公民教育主要指学校公民科教学或培养政治公民为主的公民教育；而广义的公民教育则包括全社会的公民教育或以培养社会公民为目标的公民教育。两者在教育对象、教育内容、教育目标上均有差异。在教育对象方面，狭义的公民教育面对在校学生，而广义的公民教育面对全体社会成员；在教育内容方面，狭义的公民教育侧重公民科教学内容或是针对全体社会成员的政治化的培育，而广义的公民教育偏重公民的社会化的培育；在教育目标方面，狭义的公民教育注重培养政治化的公民，而广义的公民教育注重培养社会化的公民。

---

❶ 凯兴斯泰纳教育论著选［M］. 郑惠卿，译. 北京：人民教育出版社，2004：216－227.

❷ 顾树森. 对于改革现行学制之意见［J］. 教育杂志，1920 (9).

❸ 孙兰芝. 公民教育的国际视野［M］. 重庆：西南师范大学出版社，2007：6.

## （二）关于近代中国公民教育的发展史研究

关于近代中国公民教育的发展史研究，为研究民国时期的公民教育提供了丰富的背景资料，具有重要的参考价值。多数学者按照历史分期，分别阐述各个历史时期的公民教育主要事件和成果。蓝维、高峰等对中国公民教育的产生与发展进行了历史性回顾，把中国公民教育的早期发展分为“借鉴中起步——我国公民教育的早期探索”“艰难的跋涉——我国公民教育思想与实践的演变”“无根的探索——我国早期公民教育的特征与影响”三个阶段。[1] 在第一阶段，他们重点介绍了我国早期公民教育产生的社会历史背景、西方公民教育思想在我国的传播及我国早期公民教育的标志性实践；在第二阶段，着重阐述了公民教育的背景和课程的演变、先进知识分子在公民教育问题上的认识和思想；在第三阶段，详细分析了我国早期公民教育的特征及其历史意义。檀传宝系统梳理了1949年之前，中国公民教育的历史变迁，将其分为“清末：公民教育萌芽”“民国20年：公民教育的快速发展”“抗日战争及解放战争时期：公民教育的低迷”三个阶段。[2] 第一阶段主要介绍了严复、梁启超的公民教育思想以及主要的教育事件；第二阶段系统介绍了“百家争鸣”的公民教育思想和“百花齐放”的公民教育实践；第三个阶段介绍了陶行知的“民主教育”思想、国民党统治区教育实践（战时教育左右公民教育）、根据地教育实践（思想政治教育代替公民教育）。江国华系统分析了中国公民教育的历史沿革。他指出，以蔡元培为首的资产阶级民主派借鉴西方教育理论，对旧式教育进行了改革，提出了公民教育的思想；进而晏阳初等一批仁人志士积极践行，公民教育理论一度在实践中大规模开展。早期公民教育的主要内容涉及个人修养和公民品性等诸多方面，是在“树新人、强国家”这一理念的指导下开展的；后期由于国内和国际形势的变化，公民教育主要以各自政党意识、社会生活及其组织、经济社会问题、国际关系等为内容，更多地带有

---

[1] 蓝维，高峰. 公民教育：理论、历史与实践探索［M］. 北京：人民出版社，2007.

[2] 檀传宝. 公民教育引论——国际经验、历史变迁与中国公民教育的选择［M］. 北京：人民出版社，2011.

政治色彩。[1] 都冬云指出，公民教育在近代中国经历了"发轫——早期艰难探索"的历程。公民教育之所以能够在中国近代兴起，得益于新兴资产阶级主张建立立宪国家的政治诉求、清末地方自治运动以及严复的"三育救国论"和梁启超的"新民说"。这些都是促成公民教育思想在近代中国发轫的主要因素。随后，民国成立，《中华民国临时约法》颁布。该临时约法规定"中华民国之主权，属于国民全体"，这就为公民教育提供了政治保障和法律依据。1922 年壬戌学制公布之后，学校的"修身科"被"公民科"取代，作为独立学科的"公民科"的课程标准随之制定，"公民科"相关教材编纂完成，传统的修身教育真正演变为公民教育，从而在学校教育中实现了从教育宗旨、教育内容到教育方法的彻底转变，标志着我国的学校公民教育正式发展起来并进入一个相对系统化、制度化的时期。南京国民政府建立之后，为巩固国民党统治，为争取国民尤其是青年一代对政府的支持，政府在教育上大力推行党化教育，甚至在学校教育中一度将公民课改为党义课，致使刚刚起步的公民教育未能在国民性的改造过程中发挥应有的作用。但毫无疑问，我国公民教育从无到有，从模糊到清晰，无疑是中国近代教育发展的重要成果。尤其在民国成立后，公民教育由知识分子的奔走呼号转变为国家意志，公民教育终于在近代中国开始了它的实践和理论探索之旅。[2] 此外，还有秦秋霞的《我国公民意识的演进》(兵团教育学院学报 2012 年第 5 期)、刘保刚的《新文化运动后中国公民教育思想研究——限于 1925—1945 时段的考察》(郑州大学学报 2007 年第 6 期)，博士论文有栗蕊蕊的《社会文化变迁中公民教育的本土演进》(华东师范大学 2013 年)，等等。

关于近代中国公民教育的发展阶段研究，学界基本达成一致。中国公民教育早期发展主要分为三个重要的历史阶段。一是清末中国公民教育的"发轫期"或"萌芽期"。其中，主要事件包括严复的"三育救国论"、梁启超的"新民说"、清政府"兴办学校、废科举、建立新式教育制度"的

[1] 江国华. 宪法与公民教育——公民教育与中国宪政的未来［M］. 武汉：武汉大学出版社，2010.

[2] 都冬云. 20 世纪初中国公民教育探索及启示［J］. 常熟理工学院学报：哲学社会科学，2011（11）.

教育改革。在这一时期，公民教育“才露尖尖角”，只是零星地出现在清末教育改革和救国图强的教育家的思想言论中。尽管当时的公民教育思想并不深刻，也不系统，但在促发民众觉醒、在培养权利和自由意识方面具有一定的思想启蒙作用。这为公民教育之后的引入与传播奠定了一定的群众基础和思想基础，在中国的公民教育史上居于开篇地位。二是民国成立后20年间为中国公民教育第一个快速发展时期。这期间出现了一些先进知识分子的公民教育研究与实践以及典型的公民教育事件，如蔡元培的“五育并举”教育思想、晏阳初的“平民教育运动”、梁漱溟的“乡村建设”、《中华民国临时约法》首次规定“公民权利”、蔡元培以“公民道德”为核心的教育宗旨的颁布、注重自由平等合群精神的《共和国教科书》的出版、全国教育会联合会第五届年会上《编写公民教材案》的编订、第二次新学制课程标准起草委员会上以“公民科”代替“修身科”的决议、《小学公民课程纲要》与《初级中学公民学课程纲要》的颁布、江苏省教育会等组织发起的全国公民教育运动、公民讲习会、公民运动周等。这一时期，公民教育在学校和社会领域全面开启，两者相辅相成、相互促进、共同发展，迎来了蓬勃发展的新机遇。三是抗日战争时期公民教育的缓慢发展。这期间，虽然有陶行知的民主教育思想、袁公为的公民教育思想、龚启昌的公民教育思想，但因受抗日战争的影响，公民教育实践处于时断时续的低迷状态，国民党统治区以战时教育左右公民教育，共产党的根据地以思想政治教育代替公民教育。因而，公民教育的理论发展要优于公民教育的实践，公民教育发展缓慢主要表现在公民教育的实践层面。

### （三）关于民国时期教育界人士公民教育思想研究

关于民国时期教育界人士的公民教育思想研究，主要集中于公民教育目标研究、内容研究、方法研究、意义及局限性研究等方面。具体归纳如下：

1. 民国时期公民教育的目标研究

民国时期教育界人士的公民教育目标主要是培育新国民，反对封建传统，拯救民族危亡。如：檀传宝指出，晏阳初公民教育的目的在于使国民具有最低限度的公民常识，发展团结力量，启发民族觉悟，训练自治能力，培养法治精神等。[1] 暨爱民也重点分析了近代中国知识分子的公民教育观，揭示了他们公民教育中所隐含的建构具有现代意义的民族国家的努力。他指出，在19世纪末20世纪上半期，从严复、梁启超到胡适、蔡元培、蒋梦麟等知识分子，他们的公民教育观念贯彻着民族国家原则的诉求。[2] 此外，施莉也着重研究了蔡元培的公民道德教育，指出教育目标旨在培养共和国民的健全人格。[3]

2. 民国时期公民教育的内容研究

民国时期教育界人士关于公民教育内容的探讨主要集中在公民知识、公民道德、公民资质三方面。如江国华阐述了蔡元培、陶行知、晏阳初公民教育思想的主要内容。他指出，蔡元培的公民教育内容包括“强调德智体美和谐发展”“主张思想自由、兼容并包、教育中立”“倡导‘尚自然、展个性’之理念”三方面；陶行知的公民教育内容涉及“生活教育论”“儿童教育观”；晏阳初的公民教育内容是培养团结力、公共心、合作心、民族自觉、政治道德。[4] 檀传宝也分析了上述三人的公民教育内容。他指出，蔡元培的公民教育内容是法国资产阶级革命所倡导的自由、平等、亲爱思想；晏阳初的公民教育内容包括民族精神研究、农村自治研究、公民知识教育；陶行知的公民教育内容为教育民主、教育平等思想。[5] 蓝维、高峰等着重分析介绍了蔡元培、晏阳初在公民教育内容方面的主张。他指出，公民道德教育是蔡元培新教育方针的核心，其要旨在于“自由、平等、博爱”。晏阳初主张公民教育内容是必要的社会知识、道德和技能。[6] 施莉也同样地提出自由、平等、亲爱构成了蔡元培公民道德教育的内容。[7]

---

[1] 檀传宝. 公民教育引论——国际经验、历史变迁与中国公民教育的选择［M］. 北京：人民出版社，2011.

[2] 暨爱民. “公民教育”与“民族国家”诉求——以近代中国知识分子的公民教育观为分析对象［J］. 教学与研究，2011（1）.

[3] 施莉. 蔡元培公民道德教育思想介评［J］. 宁波大学学报：教育科学版，2008（2）.

[4] 江国华. 宪法与公民教育——公民教育与中国宪政的未来［M］. 武汉：武汉大学出版社，2010.

[5] 檀传宝. 公民教育引论——国际经验、历史变迁与中国公民教育的选择［M］. 北京：人民出版社，2011.

[6] 蓝维，高峰. 公民教育：理论、历史与实践探索［M］. 北京：人民出版社，2007.

[7] 施莉. 蔡元培公民道德教育思想介评［J］. 宁波大学学报：教育科学版，2008（2）.

聂雯嫔也重点分析了蔡元培公民道德教育内容。他指出，蔡元培公民道德教育思想主要内容包括三方面：一是蔡元培的公民道德以“自由、平等、亲爱”为核心；二是蔡元培的公民道德宗旨是达成“完全人格”；三是蔡元培军国民教育、实利主义教育、公民道德教育、世界观教育和美感教育“五育并举”的教育方针，并以公民道德教育为中坚。[1] 刘峰着重分析了晏阳初的公民教育内容，即“养成民众的公共心、合作精神，提高其道德生活与团体生活水平”。[2]

3. 民国时期公民教育的方法研究

根据现有资料发现，对于民国时期教育界人士公民教育方法的研究较少，仅涉及蔡元培、晏阳初的公民教育方法。如，施莉总结了蔡元培公民教育的三种方法，分别是“重视‘修正，自省，自制’”“求远效，要持之以恒”“通过劳动实践来‘砥砺德行’”。[3] 赖长春认为，教育界人士公民教育的实施方法包括建立自助社、合作社、合作社联合会、公民服务团以及政治参与。[4]

4. 民国时期公民教育思想的意义及局限性研究

关于这一问题，檀传宝指出，蔡元培的公民道德教育思想开启了公民教育进学校的先河，对公民教育在中国的发展产生了深远影响；陶行知的“民主教育”思想突破了中国传统教育，在中国近代教育思想史上画上了浓墨重彩的一笔。[5] 施莉也指出，蔡元培的公民道德教育思想及其整个教育思想体系在整个中国近代教育发展史上的首创性，融会中西文化、构建公民道德教育体系的开创性努力和成果，给当时国人以振聋发聩的启蒙影响，给现世国人以学习和研究的珍宝。同时，也指出是蔡元培以德育为核心的“五育并举”思想本身是建立在唯心主义哲学基础上的，他把世界分为现象世界和实体世界两部分，又把教育区分为“隶属于政治”和“超逸

[1] 聂雯嫔. 蔡元培公民道德教育思想探析［D］. 南昌：江西师范大学，2013.

[2] 刘峰. 20 世纪 30 年代农村复兴思潮研究［D］. 长沙：湖南大学，2015.

[3] 施莉. 蔡元培公民道德教育思想介评［J］. 宁波大学学报：教育科学版，2008（2）.

[4] 赖长春. 晏阳初公民教育思想研究［EB/OL］. 爱思想，http：//www. aisixiang. com/.

[5] 檀传宝. 公民教育引论——国际经验、历史变迁与中国公民教育的选择［M］. 北京：人民出版社，2011.

于政治”，而公民道德教育是隶属于政治的。这种划分显然是不科学的，在具体阐述时也存在着超阶级、超现实的弊病。这种理论和阶级的局限性必然导致他片面夸大教育的作用，为“教育救国论”的产生留下了空间。[1]陈兆旺指出，从一开始单纯的识字教育到走向农村基层开展乡村自治和乡村建设，以至以定县为基地，开展县政改革，晏阳初从实践中初创了一条中国特色的公民教育的道路。他在乡村建设和县政改革中所提出来的很多做法实质上已经深入到如何在中国的基层治理实践过程中提升公民能力的问题。然而从根本上，平民教育中公民教育对于政治本身缺乏必要的认识，从而使得公民教育的核心内涵空缺，流于政治常识的习得，而在实践中也不免偏差，这是晏阳初公民教育的最大瑕疵。[2] 赖长春指出，“晏阳初公民教育思想产生于他对当时中国社会所进行的深入调查与研究，并在长期的教育实践中不断得到完善，日臻成熟，对当时中国及广大第三世界国家产生了积极的影响。获得了广泛的国际赞誉。它不仅在 20 世纪 30—40 年代的中国获得了成功的验证，而且指导了许多亚非拉国家的社会改造事业，对于提高这些国家民众的素质和催生现代民主产生了深刻的影响。不仅如此，就是对于今日中国来讲，也是有着许多启发意义的。”[3]

综合来看，学界现有的相关研究，为进一步深入研究民国时期教育界人士公民教育思想提供了必要基础和重要借鉴。但是，已有研究也不可避免地存在一定的局限性。其主要表现在：一是研究视野过于狭窄，多集中于选取民国时期教育界某一人物的公民教育思想或是两个人的公民教育思想比较研究，缺乏对民国时期教育界人士公民教育思想的整体性和系统性把握。二是人物研究过于集中，多选取蔡元培、晏阳初、陶行知等，而对为公民教育做出贡献的其他教育界人士，如袁公为、龚启昌、舒新城、熊子容、杨贤江、刘湛恩、钱亦石、沈子善、范寿康等少有提及。三是关于民国时期教育界人士的公民教育方法研究较薄弱，现有的研究只涉及极少数教育界人士的公民教育方法，还需进一步挖掘更多民国时期教育界人士

[1] 施莉．蔡元培公民道德教育思想介评［J］．宁波大学学报：教育科学版，2008（2）．
[2] 陈兆旺．晏阳初公民教育思想探析［J］．理论界，2010（1）．
[3] 赖长春．晏阳初公民教育思想研究［EB/OL］．爱思想，http：//www. aisixiang. com/.

主要的、具有普遍性的公民教育方法。

## 三、研究思路、研究方法与主要创新点

### （一）研究思路

全书以教育界从事公民教育的代表性人士为研究对象，考察民国时期的公民教育。首先，搜集和整理民国时期对公民教育有贡献的教育界人士的资料，从具有代表性的教育界人士着手探究民国时期的公民教育。其次，结合近代中国社会背景，研究公民教育何以为这些教育界人士积极引入与传播。该部分主要从清末民初深重的民族危机引发的对西方公民及公民教育思想的诉求、民国时期教育界人士的积极倡导公民教育的主观动因及他们在公民教育领域中的主要作为三方面进行分析。再次，分析民国时期教育界人士公民教育主要作为的材料，总结民国时期公民教育在内容、方法及特点方面的规律性问题。最后，结合民国时期教育界人士公民教育思想的内容、方法及特点，分析民国时期教育界人士公民教育思想的价值及其局限性。

### （二）研究方法

本研究主要采用的方法有文献研究法、个案研究法、归纳总结法三种。

一是文献研究法。文献研究法是本书主要采用的研究方法之一。全面搜集有关民国时期公民教育的文献资料，尤其是民国时期教育界人士的公民教育专著、教材、课程纲要、期刊论文、演讲稿等，及他们的教育论著选、教育全集、教育文集、传记和回忆录等。在此基础上，对上述文献进行系统的整理与分析，做到去粗取精，去伪存真，由表及里，由此及彼，以掌握第一手的、准确的研究资料。

二是个案研究法。个案研究法也是本书的主要研究方法之一。因全书是以教育界人士为主要考察对象研究民国时期的公民教育，因而在全面搜集民国时期公民教育资料的同时，也要有选择性、针对性地搜集和选取较

为典型的教育界人士，进行个案分析与研究，力图从典型教育界人士的公民教育思想中找出具有共性和个性的规律性问题，以期进一步深化民国时期的公民教育思想研究。

三是归纳总结法。任何一门学科都要建立在实践的基础上，丰富的实践经验是学科产生与发展的源泉和动力。因此，总结实践经验，将其概括上升为理论，是科学研究的基本方法之一。本书在大量获取文献资料的基础上，分析具有代表性的教育界人士公民教育思想的共性与个性，从中总结他们公民教育思想的主要特点，分析他们公民教育思想的价值与局限。

### （三）主要创新点

本书的创新之处主要有两方面：一是首次以教育界人士作为考察对象，对民国时期的公民教育进行了整体性把握与研究，其研究角度具有一定的创新性。二是在全面搜集材料的基础上，挖掘出一些目前学界尚未研究且对公民教育具有突出贡献的教育界人士，如刘湛恩、熊子容、袁公为、舒新城、龚启昌、杨贤江等，在材料的选取上有新意。

# 第一章　民国时期公民教育思想的发生

公民及公民教育的源头可上溯到西方古希腊罗马时期。那时的公民是城邦或国家中有权参与和管理公共事务的人，但仅包括奴隶主和自由民，而奴隶、女性、外邦人则被排除在外。那时的公民是积极的公民，主动参与城邦或国家的公共事务；但也是有限的公民，属于享有特权的统治阶级，并非西方现代意义上的公民。那时的公民教育侧重培育公民美德、公民素质及公民平等观等，使公民养成参与城邦或国家公共事务的风格。

现代意义上的公民教育源于西方，是近代西方社会历史和文化的产物。公民教育在中国是舶来品，萌发于清末，伴随着由近代中国内忧外患的社会现实所引发的向西方学习思潮而产生。清朝末期，列强入侵，国运多舛，一些仁人志士将救国救民的希望寄托于教育革新，引入并传播西方的公民教育，希冀通过公民教育塑造新国民，实现国民由依附性人格向主体性人格的转变。归纳起来，公民教育在中国的萌生源于多种因素的共同作用。

## 第一节　深重的民族危机引发民国时期公民教育诉求

在中国，公民教育萌生于一些仁人志士拯救民族危亡、实现国家复兴强盛的强烈诉求中。他们希冀通过实施公民教育，唤醒民族生死存亡之际还在“沉睡”的国人，使其养成主体性人格，塑造以民族救亡图存和反帝反封建为己任的现代公民。

## 一、中国封建社会传统经济、政治、文化方面的弊端

马克思认为："人们自觉或不自觉地，归根到底总是从他们阶级地位所依据的实际关系中——从他们进行生产和交换的经济关系中，获得自己的伦理观念。"[1] 公民意识迟迟未在中国大地上生根发芽的主要原因是中国封建社会缺乏产生公民意识的经济基础、政治制度和文化因素。以分散的小农经济、君主专制制度、儒家等级文化为基本特征的封建社会难以萌生主体性的公民意识。

在经济方面，小农业和家庭手工业相结合的自给自足型的自然经济，在我国传统封建社会整个社会经济中占据着主导地位，农民不但可以生产自己需要的农产品，而且能够生产自己需要的大部分手工业品。尽管随着鸦片战争的爆发，中国有了资本主义的发展，但传统的农业经济仍是中国经济的主要形式，农业的生产方式仍然是由封建地主阶级占有大量土地，并把土地分为若干小块租佃给无地少地的农民耕种。中国农村存在着如同汪洋大海一样的小农经济，占全国人口绝大多数的农民几乎完全用旧式的手工劳动从事个体生产，农业生产力极端低下，农民基本上还处于自给自足的生产状态。在这种自给自足的生产方式影响下，多数国民安于现状，只关心自家的生产生活状况，不谙外事，这在一定程度上导致国民思想趋于保守，家庭观念浓厚，社会公共意识、民族国家观念淡薄等。

在政治方面，传统封建专制社会中，国民大多被当成顺民、臣民和草民，深受传统的封建专制思想的束缚和影响，思想僵化，臣民意识严重，奴性思维普遍存在，不知何为公民权利，也不了解要如何行使，对承担国家责任、民族使命更是无从谈起。正如蒋廷黻所指出："他们在专制政体下做了几千年的顺民，不知道什么是民权，忽然要他们起来做国家的主人翁，好像一个不会游水的人，要在海洋的大波涛之中去游泳，势非淹死不可。"[2] 在封建专制制度中形塑的传统落后的思想意识严重制约国民素质的

[1] 马克思恩格斯选集：第3卷［M］. 北京：人民出版社，1995：434.

[2] 蒋廷黻. 中国近代史［M］. 武汉：武汉出版社，2014：118.

提高，且其弱点与弊端在深重的近代民族危机中也更为凸显。因此，在危机重重、救亡图存的近代社会背景下，改造传统落后的思想观念，塑造新型国民显得尤为迫切。

在文化方面，文化是政治与经济的集中反映。在我国，封建君主专制政体与自给自足的自然经济，形塑了以家族为本位的宗法集体主义文化。在以家庭为本位的宗法集体主义笼罩下，个体在家族内不被看作独立的个体，而与上下两代（父与子）发生关联，三代共同维系在一个整体中。在这种关系体中，人与人之间关系得以正常发展的原则与核心是“义务”，每个人先要考虑的是对其他人的责任和义务，如父慈、子孝、兄友、弟恭等，每个人在自己特定环境下的“角色”义务处理得要十分恰当，非常注意自己行为的分寸，个人的权利显得并没那么重要。如梁漱溟先生所指出：“中国文化最大之偏失，就在个人永不被发现这一点上。一个人简直没有站在自己立场说话机会，多少感情要求被压抑，被抹杀。”[1] 在“重群体轻个体、重义务轻权利、重家族轻个人”的传统文化氛围中，国民家族观念颇重，团体观念、组织能力、责任意识薄弱，“莫谈国事”“事不关己，高高挂起”等之类的俗文化盛行。

马克思指出，人的本质不是单个人所固有的抽象物，在其现实性上，它是一切社会关系的总和。[2] 中国封建社会的君主专制制度、自给自足的小农经济、传统等级伦理文化中缺乏公民产生的土壤和空气，只能孕育臣民和顺民。国民在封建等级观念的束缚中大多思想保守、安分守己，主体意识、国家观念淡薄，依附性人格特征明显。作为臣民，他们依附于皇权；作为妻子，他们依附于夫权；作为子女，他们依附于父权。在这种等级观念浓厚的伦理关系中，国民不可能产生公民意识。由此，在为拯救民族危机、实现民族复兴而产生的对现代国民的诉求中，先进的教育人士希冀通过公民教育的力量，改变国民传统臣民意识，提高国民的主体意识，培育国民对社会、国家的责任感和权利义务观。诚如杨贤江所呼吁：“今世……谈国力者，莫不以为团结是尚，合群为重……夫既人各一心，何由

[1] 梁漱溟. 中国文化要义［M］. 上海：学林出版社，1987：238.

[2] 马克思恩格斯选集：第1卷［M］. 北京：人民出版社，2012：135.

奏伟大之业，撼外来之险乎？”[1]

## 二、先进的知识分子对公民教育思想的早期传播

先进知识分子从濒临亡国灭种的近代民族危机中深刻认识到兴国强民的重要性，尤其甲午战败后，国人的自我认同危机更为加深，纷纷把目光转向西方寻求救国救民的道路。以严复、梁启超等为代表的早期先进知识分子，较早地意识到中国与西方国家在思想文化方面的差距。他们在面对深重民族危难的情形下，反思中国传统教育的弊端，挖掘西方文明制度背后的各种观念、价值、习性等，在向西方学习的过程中积极引入公民教育思想，希冀改造传统国民、塑造新民，以挽救民族危亡、实现民族复兴。严复提出“三育救国论”，指出从根本上探索中国富强之源，须从教育入手，从德、智、力三方面去提高中国人的国民素质。[2] 其中，严复尤为注重民德，主张民德为“三育”的核心，要改变中国几千年封建君主专制统治中“民德已薄”的状态，向西方学习，重建道德，“以自由为体，以民主为用”，把自由、平等、民主的原则引入道德领域，培养具有独立人格、爱国意识、社会责任感的新型国民。梁启超的“新民说”，从中国贫弱的根源探讨，认为中国在近代之所以孱弱不振、饱受欺凌，根本原因在于国民素质较低。因此，为了实现民族国家发展，务必要从国民着手，努力提高本民族的国民素质[3]。梁启超提出的“新民”思想，立足近代中国社会需要，既批判性地继承国内传统文化，又借鉴西方文化中适于中国社会的合理成分。他倡导的“新民”具有公德、国家思想、进取冒险、权利思想、自由观、自治观念、自尊、合群、毅力、义务观念、政治能力、尚武、私德、民气、进步等新品格。[4] 作为新民，要有公德观，与人为善，正确处理自身与集体间的关系；要有国家观念，认识到国家是公民生存与

---

[1] 中央教育科学研究所，厦门大学．杨贤江教育文集［M］．北京：教育科学出版社，1982：18.

[2] 严复．严侯官文集［M］．绍兴：特别译书书局，1903：37.

[3] 梁启超．新民说［M］．桂林：广西师范大学出版社，2012：1.

[4] 梁启超．新民说［M］．桂林：广西师范大学出版社，2012.

发展的重要保障；要有权利义务观，在充分享有权利的同时依法履行义务；要有自治的能力，学会自我管理、自我教育与自我约束，掌握自身发展的主动权；要有政治能力，掌握基本政治常识，养成良好的政治素质等。在这里，梁启超的“新民”主张已经触及公民的本质，即具有权利义务观、公德观、政治参与意识等。总之，在严复、梁启超的新民观中，“实现民族国家复兴强盛”与“养成现代意义上的公民素质”是一脉相承的，国民素质的高低与国家文明程度发展息息相关。如梁启超所说：“少年智则国智，少年富则国富，少年强则国强，少年独立则国独立，少年自由则国自由，少年进步则国进步，少年胜于欧洲则国胜于欧洲，少年雄于地球则国雄于地球。”❶ 严复、梁启超等有着道德良知与民族热血的知识分子，在对民族国家前途的无限忧虑中倡导革新传统国民性，力求塑造新民，拯救国家。其公民教育呼声对之后教育界人士引入与传播公民教育具有重要的舆论先导和思想启蒙作用。

## 三、新文化运动中民主与科学思想的影响

辛亥革命结束了我国封建君主专制制度，拉开了中国民主革命的序幕。孙中山以西方社会政治制度为蓝本，创立了“三民主义”，在中国历史上第一次提出较完整的资产阶级共和国方案。然而，正如毛泽东所说：“中国人向西方学得很不少，但是行不通，理想总是不能实现。”❷ 由于辛亥革命本身的弱点，民族资产阶级这一领导力量软弱和政治上的不成熟，没有形成强有力的领导核心，提不出足以动员占全国绝大多数的工农大众参加革命运动的、明确的反帝反封建的革命纲领，也因帝国主义和封建势力在中国的统治力量异常强大，以孙中山为首的南京临时政府仅存在三个月，就被以袁世凯为代表的北洋军阀政府所取代，中国社会再度陷入黑暗中。这一惨痛的教训，促使着中国先进的知识分子深刻意识到中国直接移

❶ 梁启超. 少年中国说 [M]. 北京：东方出版社，1998：71.

❷ 毛泽东. 论人民民主专政 [M] //毛泽东选集：第 4 卷. 北京：人民出版社，1991：1470.

植西方的社会政治制度并不能真正解决中国的实际问题，要从根本上改造中国，须有文化的觉醒和思想的启蒙。

以陈独秀、李大钊等为主要代表的爱国民主主义者在1915年9月掀起了一场以反对封建旧文化、改造传统国民性为主要目的的新文化运动。陈独秀在上海创办《青年杂志》，宣扬新思想、新文化，启发新觉悟，在思想文化领域宣传民主和科学，向传统封建思想、道德、文化发起挑战，引导造就有为的青年。他在《敬告青年》中向青年提出"自主的而非奴隶的""进步的而非保守的""进取的而非退隐的""世界的而非锁国的""实利的而非虚文的""科学的而非想象的"六项人生准则，❶ 提倡青年树立民主的、自由的、进取的、开放的、实利的、科学的人生观和价值观。李大钊在新文化运动期间，也在《新青年》上发表《青春》《今》等文章，不仅强调青年之青，而且强调一个"新"字，指出从思想上、精神上有新青年与旧青年之分，希望青年们站在时代前列，鼓励他们不断追求进步，不怕困难，顽强战斗，冲决历史上一切网罗，催促青春之中国的诞生。他们在思想文化领域内提倡民主和科学，向旧思想、旧文化开战，反对封建专制和伦理道德，反对尊孔复古和偶像崇拜，倡导建立新的与共和制度相适应的价值观念和道德观念，追求个性解放和自由民主权利，注重人的价值，培养独立人格。正如陈独秀在《敬告青年》中大声疾呼，"国人而欲脱蒙昧时代，羞为浅化之民也，则急起直追，当以科学和人权并重。"❷

新文化运动作为中国20世纪初反封建思想的启蒙运动，号召人们"冲决过去历史之网罗，破坏陈腐学说之囹圄"，打击和动摇了长期以来封建正统思想的统治地位，使中国民众接受了一场西方民主和科学思想的洗礼，给近代中国社会带来了前所未有的思想启蒙和空前深刻的思想解放，从心理、文化层面提高了国民的思想觉悟，对西方公民教育思想在中国的传播，培养现代化的公民创造了有利的思想条件和舆论基础。

---

❶ 陈独秀．敬告青年［J］．青年杂志，1915（1）．

❷ 陈独秀．敬告青年［J］．青年杂志，1915（1）．

## 四、国民教育改革中渐次引入的公民教育

自清末教育改革以来，国家历次教育变革中对公民教育思想的引入与传播，为当时教育界人士关注公民教育、开展公民教育研究与实践提供了良好契机。1906年，清末学部的教育宗旨指出："中国民质之所最缺，而亟宜箴砭以图振起者有三：曰尚公、曰尚武、曰尚实。""所谓尚公者何也？列强竞起，人第见其船坚炮利，财富兵雄……所恃以立国者，乃全国之民之心力如潮如海如雷霆而不可遏，相亲相恤相扶助不可解耳……今欲举支离涣散者而凝结之，尽自私自利者而涤除之，则必于各种教科之中，于公德之旨、团体之效，条分缕析，辑为成书，总以尚公为一定不移之标准，务使人人皆能视人犹己，爱国如家……"[1] 由此可知，清末教育宗旨已明确提出"尚公"思想，旨在培养国民的团结力、公共心和爱国心，蕴含着公民教育的因素。

1912年1月，蔡元培担任中华民国南京临时政府第一任教育总长，上任后的首要任务就是恢复教育事业，确立新的教育方针。他在深刻反思清末"尊君、尊孔、尚公、尚武、尚实"教育方针基础上，明确提出了集军国民教育、实利主义教育、公民道德教育、世界观教育、美育于一体的"五育并举"教育思想。进而于1912年9月，在蔡元培新教育思想的影响下，民国教育部公布《教育宗旨令》提出要"注重道德教育，以实利教育、军国民教育辅之，更以美感教育完成其道德"[2]。公民道德教育作为民国初期教育宗旨中的一项重要内容被正式提出，其要旨涉及自由、平等、亲爱，借鉴了西方的道德教育思想，虽然还是将公民教育局限于道德领域，但较之前明确提出了"公民"二字，是公民思想在民国时期的一大发展进步。

1916年10月，民国教育部公布《国民学校令施行细则》，在其第二条的修身要旨中指出要"自第三年起，兼授公民须知，示以民国之组织及立

---

[1] 舒新城. 近代中国教育史料［M］. 北京：中国人民大学出版社，2012：244-245.

[2] 舒新城. 中国近代教育史资料：上册［M］. 北京：人民教育出版社，1981：223.

法行政司法之大要”❶，且在修身要目中也包括爱国爱群精神的培育，即“宜就孝弟、忠信、亲爱、义勇、恭敬、勤俭、清洁诸德，择其切近易行者授之，渐及于对社会对国家之责任，以激发进取之志气，养成爱国爱群之精神”❷。这是首次将“公民须知”加入修身科，此时的公民教育虽没有作为独立的课程在学校施行，但公民教育内容，如社会责任感、爱国思想、公德观念、基本政治常识等，已经进入学校课堂，实现了公民教育在中国教育史上从无到有的巨大转变。

1918年，民国教育部在教育宗旨研究案中提出以“养成健全人格，发展共和精神”为主题的教育宗旨。其中，所谓“健全人格者”应当满足下列条件：一是私德为立身之本，公德为服役社会国家之本；二是人生所必需之知识技能；三是强健活泼之体格；四是优美和乐之感情。所谓“共和精神者”是指既要发挥平民主义，以期人人知民治为立国根本，又要养成公民自治习惯，以期人人能负国家社会之责任。❸此时的教育宗旨较之1912年9月的教育宗旨有了一定进步，宗旨中除了之前所强调的公民道德教育，也融入了“民治”“共和”“公民自治”等思想，提出了要通过教育培养国民主体意识、自治能力，使其能够养成健全人格，服务社会，关心国事。此时，教育宗旨中的国民已经具有了近代意义上的公民含义。

1919年，第五届全国教育会联合会议以“凡属国民，自应具有公民知识……因民国五年十月修正国民学校令实施细则中规定修身课内兼授‘公民须知’，而没有添设‘公民科’，而中学在最后一年有‘法制’一科，每周仅一小时，所含公民教材极为简略，在社会用书上，公民常识也极为缺乏”❹为理由，决议编订中小学公民教材。该会议提出：一要编订公民课本，专为中小学教授公民课之材料。除国民学校应于第三年起授“公民须知”外，凡高等小学校及中学校、师范学校中当于修身科中加授该科，

❶ 舒新城．中国近代教育史资料：中册[M]．北京：人民教育出版社，1981：272．

❷ 舒新城．中国近代教育史资料：中册[M]．北京：人民教育出版社，1981：272．

❸ 舒新城．近代中国教育史料［M］．北京：中国人民大学出版社 2012：255．

❹ 台湾师范大学学术研究委员会．明日的公民教育——教育的回顾与展望［M］．台北：幼师文化事业公司，1983：35．

使青年学子得知公民应负之责任。二要编订公民常识表解，作为开展公民道德教育的通俗演讲材料。❶

1922年7月，中华教育改进社第一届年会通过《修身科宜改称公民科》的议案。改革的理由有三点：一是修身科范围太狭小，仅限于个人的修养，要求个人要适应社会；而公民科则要求改良社会以适应个人。因此，修身科不适用于共和的社会。二是修身科注意道德涵养，缺乏法律的观念，不适用于法治的国家。三是修身科的标准过于陈旧，也多从消极方面阐述，不适用于合作团体。❷ 1923年6月，全国教育联合会制定了《新学制课程标准纲要》，规定在中小学范围内，以公民科代替修身科。其中在小学，一年级至四年级设置社会科（由公民、地理和卫生组合而成），授课时间占总课时的20%，五年级至六年级设置公民科，占总课时的4%，历史、地理、卫生分别占6%、6%、4%。在中学，初中阶段设立公民科，记6学分；普通高中阶段设立人生哲学和社会研究，每周授课3小时，一学年授完，分别记4学分和6学分。❸ 公民科的主要内容除了原有的个人道德修养外，也涉猎法律、人类社会、经济、人与社会间关系等知识。可以说，《新学制课程标准纲要》的颁布，标志着公民科作为一门独立的课程在我国课程体系中的诞生，学校公民教育正式实施，这对促进公民意识的萌生有着积极意义。

在渐次教育改革的浪潮中，“公民科”逐渐取代“修身科”正式出现在学校教育。“公民科”的产生在教育界引起了重要的反响，涌现出诸多公民科教材、公民通俗读物及公民教育教学实践等，有效推进了公民教育思想在民国初期的传播。

---

❶ 台湾师范大学学术研究委员会．明日的公民教育——教育的回顾与展望［M］．台北：幼师文化事业公司，1983：35－36.

❷ 中华教育改进社第一次年会公民教育组会议记录［J］．新教育（第一次年会报告号），1922（3）.

❸ 全国教育联合会新学制课程标准起草委员会．新学制课程标准纲要［M］．上海：商务印书馆，1925.

## 第二节　教育界人士积极推进民国时期公民教育的主观动因

公民教育在中国的产生，除了多种社会因素外，先进的教育界人士对公民教育的引入与传播也是极其关键的因素。这些先进人士不仅有良好的教育背景，也有强烈的家国情怀，更有着难能可贵的职业自觉与良知。在学业背景方面，他们既接受国内系统的传统文化教育，也受过国外的先进教育。他们思维活跃，求知欲望强烈，易于接受国外的新思想、新观念。在德性品质方面，他们具有强烈的忧患意识，不甘在国难当头袖手旁观，立志要为挽救民族危机、拯救国家危亡做些事情。他们积极倡导向西方学习，努力践行公民教育，彰显出先进知识分子具有的强烈爱国热忱和职业良知。

### 一、国内传统美德的熏陶

考察民国时期先进教育人士的教育经历不难发现，他们都曾接受过系统的中国传统文化教育，传统美德对这些教育人士有着深刻而持久的影响，这是他们身上共有的特质，为从事公民教育研究提供了强大的精神支撑。具体来说，对他们产生较大影响的传统美德主要有三点：

一是爱国精神。“爱国如思渴”“贤者不悲其身之死，而忧其国之哀”“常思奋不顾身，而殉国家之急”等饱含了丰富的传统爱国精神。爱国精神是中国优秀传统文化的重要组成部分，激励着无数仁人志士为民族事业前赴后继。在积贫积弱、内忧外患的近代中国社会，先进的教育人士满怀爱国主义理想，从教育上寻找中华民族在近代落后的根源，反思国内传统道德教育，引入西方的公民教育，以期创造新教育，培育新国民，建设新国家。如蔡元培在爱国精神的感召下，在甲午战败后再度赴德留学，希冀研究国外的教育原理为我所用，改变中华民族积贫积弱的落后状态。留美期间的刘湛恩专攻教育学，将《非语言智力测试在中国的应用》作为哥伦比亚大学博士毕业论文选题，以期设计智力测试系统，来排除中国语言和学制干扰，使美国的心理测试方法成功引入中国。❶ 可见，他虽在美求学，却心系祖国，将个人发展与祖国需要紧密结合，也是强烈爱国精神的体现。杨贤江在学生时代便怀有强烈的爱国精神，注重将爱国情感转化为实际的爱国行动。1913 年，杨贤江在文章中分析了东西方国家中教育与社会的关系，指出我国教育脱离实际的弊病，主张采用欧美资产阶级实用主义的教育方法，即“欲应世界之潮流，挽多年之狂澜，使我国学校皆能产出实际有用之学生，以与列强相见于二十世纪之舞台”❷。与此同时，他也将爱国情感落实到实际行动中。作为“劝用国货同志会”的文牍员之一，杨贤江负责宣传工作。在他的组织下，许多学生利用课余时间书写标语和传单，通过张贴、散发等形式，把劝用国货、抵制日货的活动开展到社会上去，以扩大影响。一时间，“中国人用中国货”“反对卖国的二十一条”“抗议日本政府对中国的侵略”等传单，散布到杭州城的大街小巷，对杭州市民进行了一次爱国主义教育❸，等等。

二是爱民思想。“民为贵，社稷次之，君为轻。是故得乎丘民而为天子，得乎天子为诸侯，得乎诸侯为大夫”“君者舟也，庶人者水也。水则载舟，水则覆舟”“拯民于水火，解民于倒悬”等体现了中华民族传统的民本思想，成为先进教育人士关注公民教育的重要思想基础。他们正是因为具有爱民忧民的思想，才诉诸教育救国，关注公民教育。少年时代的晏阳初便已阅读《三字经》，进入私塾后系统学习《孟子》《论语》《中庸》《大学》《诗》《书》等经典，其所蕴含的民本思想对晏阳初影响深刻。如他所说：“‘民为邦本，本固邦宁’……吾国男女人民号称 4 万万，估计起来，至少就有大多数一个大字不识，像这样有眼不会识字的瞎民，怎能算做一个健全的国民而监督政府呢？……‘本’既不固、‘邦’又何能宁呢？”❹ 他决心改变国人的悲惨境遇，改变国人不识字也感受不到世界一切事物的进化状态，深切领会“本”不“固”、“邦”不“宁”的道理，回国后努力做“固本”工作。在商务印书馆《学生杂志》社任职的杨贤江，

---

❶ 上海理工大学档案馆. 刘湛恩文集［M］. 上海：上海交通大学出版社，2011：209.
❷ 金立人，贺世友. 杨贤江传记［M］. 北京：光明日报出版社，2005：40.
❸ 金立人，贺世友. 杨贤江传记［M］. 北京：光明日报出版社，2005：39.
❹ 宋恩荣. 晏阳初卷［M］. 北京：中国人民大学出版社，2013：13.

也非常关爱青年一代的成长成才。一位青年人曾在《青年挚友·革命导师》一文中这样回忆："我在中学念书，对杨贤江在上海商务印书馆负责主编的《学生杂志》很感兴趣……我们有什么难解之处，就去信向《学生杂志》社请教，杨贤江往往亲自作复，或者指出某一篇文章让我们去阅读，自寻答案。此外，还介绍我们订阅其他进步刊物，如《向导》《中国青年》《觉悟》等。"[1] 蔡元培在北京大学任职期间，对青年学生也极其关心和关爱，发表"对于学生的希望""致全国学生联合会等电""告北大学生暨全国学生书""学生的责任和快乐""复兴民族与学生"等演说，呼吁学生要以民族复兴为己任，努力学习，修养品性，锻炼能力，获得全面发展。

三是忧患意识。北宋文学家范仲淹曾在《岳阳楼记》中写道："先天下之忧而忧，后天下之乐而乐。"作为正直的士大夫阶层，在天下人忧之前先忧，在天下人乐之后才乐，胸怀天下，忧心君民，关心国家发展命运。孔子在《论语》中讲道："人无远虑，必有近忧"。张载在《西铭》中也指出："思所以危则安矣，思所以乱则治矣，思所以亡则存矣，富贵福泽，将厚吾之生也；贫贱忧戚，庸玉汝于成也。"《易经》中也讲，"安而不忘危，存而不忘亡，治而不忘乱。"我国古代这些名人名句都表达了居安思危的强烈忧患意识和危机意识。同样地，熟谙我国传统文化的民国教育人士，在战乱纷争、民不聊生的民国时期，始终保持了强烈的忧患意识，面对民族危机四伏，国难当头，反思传统道德，放眼世界，意识到"国之见重于人也，亦不视其国土之大小、人口之众寡，而视其国民之品格"（梁启超语），从西方引入传播公民教育思想，试图改造旧国民，塑造新国民，全面提高国民的公民素质，挽救近代民族危机，实现国家复兴强盛。

中国的传统美德为教育界人士从事公民教育研究奠定了重要的情感基础和精神源泉。他们在中华传统美德的熏陶下，心系民族国家的命运与前途，把个人发展同民族国家的需要紧密联系，潜心公民教育研究，以期求得富国强民的良方。

---

[1] 杨贤江教育思想研究会．杨贤江纪念集［M］．上海：商务印书馆，1985：103.

## 二、国外公民教育的影响

我国有学者指出："越是读书人，就越是要走到外面去，越会受到各种新思想、新文化、新事物的冲击，越容易感受到中外文化碰撞，越是容易被异族的欺侮和侵夺而刺激。"❶ 民国时期教育界人士在留学期间所接触的国外公民教育是促使他们热心本国公民教育的直接因素。其接触的国外公民教育主要有：其一，美国公民教育。在民国时期典型教育界人士中，教育家刘湛恩受美国公民教育思想影响颇深。他在哥伦比亚大学攻读博士学位期间，在美国的所见所感促使他逐渐意识到公民教育对培育良好国民素质有积极的作用。如他在《五年来之公民教育运动》中提到："凡入美之民，一经美国公民教育之训练，则惟知美国之国旗是敬，美国之国土是宝，美国之国誉是爱。甚至一举一动，莫不带有美国之色彩。"❷ 这一强烈的感受，促使刘湛恩回国后热心公民教育，以期提高国人的公民素质，挽救近代民族危难。其二，法国公民教育。民国时期受法国公民教育思想影响较大的教育人士当属平民教育家晏阳初。晏阳初在法国期间，亲眼看见中法人民在文化程度、思想观念、行为习惯等方面的差异，在这种差异对比中意识到，中国平民群体实施公民教育的必要性和重要性。他指出："吾国民数虽号称四万万，但未受教育的，竟多至三万万以上……举国之人，勇于私斗，而怯于公战，轻视公义，而重视私情，其团结力公共心如何更不待言。以如是的国民，来建设二十世纪的共和国家，无论采用何种主义，施行何种政策，一若植树林于波涛之上，如何可以安定得根！"❸ 晏阳初希冀通过公民教育提升国人的文化水平、公共意识，为民族国家发展提供合格的人才储备。其三，德国公民教育。在民国时期典型公民教育人士中，要属蔡元培受德国公民教育思想影响颇深。在内忧外患的近代中国社会背景下，蔡元培深刻认识到，面对西方殖民主义势力的入侵，清政府

---

❶ 杨奎松．忍不住的"关怀"：1949 年前后的书生与政治［M］．桂林：广西师范大学出版社，2013：xii.

❷ 上海理工大学档案馆．刘湛恩文集［M］．上海：上海交通大学出版社，2011：55.

❸ 宋恩荣．晏阳初卷［M］．北京：中国人民大学出版社，2013.

腐败无能，唯有教育才是救国强民的根本。为实现教育救国的理想，他于1907—1911年间再度赴德留学，“专修文科之学，并研究教育原理，及彼国现行教育之状况。至少以五年为期，翼归国以后，或能效壤流之助于教育界”。[1]其间，正兴盛于德国乔治·凯兴斯泰纳的公民教育思想对蔡元培产生了深刻影响，这可能成为他回国倡导公民道德教育的思想来源之一。

除了上述介绍的美国、法国、德国等公民教育思想外，日本、苏俄、瑞士等的公民教育也对民国时期教育界人士产生了一定影响。这些国外的公民教育思想为这些先进的教育人士提供了新思想、新视野，使之在中西国民综合素质对比中强烈感受到实施公民教育的重要性，促使他们回国关注公民教育，借此启发民智，塑造新国民与新国家。

## 三、良好德性品质的力量

民国时期教育家汪懋祖在《中学公民课程之讨论》中指出：“改进教育，以适应时代的要求，而负起建国的使命，尤为急不容缓。”[2]这句话道出了作为教育者应有的时代觉悟与责任。民国时期一些教育界人士之所以能够立足近代中国社会，引进、传播西方的公民教育，呼吁教育革新和人才培养，便是自身觉悟和责任使然。他们身上的良好德性品质归纳起来至少有三点：一是责任意识。“天下兴亡，匹夫有责”的社会责任感是中华民族优秀传统文化的重要内容，也是这些教育家共同的思想意识。如，晏阳初不忍接受美国人与中国人在身体、知识、精神等方面素质的强烈反差及20多万旅法华工受外国人轻视和耻笑的事实，立志以提高国民素质为己任，回国推行平民的公民教育，以期提升国人的文化程度和人格尊严。诚如他曾坚定立誓：“惟致予毕生之力于平民教育，一息尚存，此志不渝。”[3]他直面中国社会的“私”问题，借助公民教育以“激起人民的道德观念，施以良好的公民训练，使他们有公共心、团结力，有最低限度的公民常

[1] 蔡元培．蔡元培全集：第1卷［M］．北京：中华书局，1959：452.
[2] 汪懋祖．中学公民课程之讨论［J］．教育杂志，1947（6）.
[3] 宋恩荣．晏阳初卷［M］．北京：中国人民大学出版社，2013：37.

识、政治道德，以立地方自治的基础”。❶ 在这里，充分展现了晏阳初以民族事业为己任、甘于奉献的责任意识。二是仁爱精神。仁爱精神是中华民族优秀传统文化的主要内容，也是教育人士关注公民教育的重要主观因素。如杨贤江的仁爱精神，在学生时代就有突出的表现。在浙江第一师范就读时，杨贤江长期担任寝室长，对室内卫生的洒扫拂拭，他总能合理安排，且亲为表率；对于室友间的关系，他总以尊重他人人格为重，不嘲弄戏谑，不妄言毁人；度假归校时，还总不忘带点家乡土产与大家分享；每有文章发表或获奖，便解囊“打牙祭”以表谢忱。❷ 三是强烈的求知欲。强烈的求知欲是这些民国时期教育界人士的共有品质，促使他们既接受系统的国内传统教育，也涉猎国外的先进教育，为他们的公民教育事业奠定了坚实的知识基础。如舒新城为革新教育广泛涉猎 19 世纪末 20 世纪初西方教育理论。他对西方教育学理论有着浓厚的学习兴趣，研读了大量西方教育经典著作，如桑代克的《教育学》与《教育心理学》、杜威的《民主主义与教育》、詹姆士的《小心理学》等。又如蔡元培在 1873—1883 年间，求学私塾，熟读儒家经典，深谙中国传统文化。他熟读《百家姓》《千字文》《神童诗》《史记》《汉书》《困学纪闻》《文史通义》《说文通训定声》《章氏遗书》《日知录》《湖海诗传》《国朝骈体正宗》《绝妙好词笺》以及儒家经典“四书”“五经”《仪礼》《周礼》《春秋公羊传》《大戴礼记》《穀梁传》等❸，具有丰富的传统文化知识。

公民教育之所以在民国时期发展迅速，得益于这样一批具有独立精神和批判性思考能力的知识分子在教育上的觉醒与反思。他们饱含着一份心有大爱的道德情怀，比常人多一份良知的驱使和救国救民的觉悟，关注中国社会和民族前途。他们对公民教育的引入与传播，或是革新教育政策，或是著书立说，或是实践探索，无不身体力行地履行着这份责任。

---

❶ 马秋帆，熊明安．晏阳初教育论著选［M］．北京：人民出版社，1993：52.

❷ 喻本伐．杨贤江“新教育”理论的形成［M］．北京：光明日报出版社，2005：35.

❸ 崔志海．蔡元培传［M］．北京：红旗出版社，2009：6－8.

## 第三节　教育界人士在民国时期公民教育领域中的主要作为

根据目前搜集的资料显示，民国时期从事公民教育研究与实践的教育人士主要有蔡元培、熊子容、袁公为、杨贤江、刘湛恩、晏阳初、龚启昌、陶行知、朱元善、周鲠生、梁漱溟、李大钊、恽代英、钱亦石、雷沛鸿、李蒸、王荚、程湘帆、顾树森、蒋梦麟、廖世承、俞子夷、赵演、郑一华、汪懋祖、张粒民、周天冲、魏志澄、陶行知、范寿康、陈筑山等。他们在中华民族内忧外患的沉痛经历中萌生了强烈的民族使命感，深刻认识到国家强盛、塑造新民的重要意义，提出“教育救国”“培育新民”的主张，在向西方学习的进程中以不同的方式积极引入和传播公民教育思想。如，蔡元培提出以“公民道德教育”为中坚的“五育并举”教育思想；熊子容、袁公为、杨贤江、舒新城、龚启昌、朱元善、周鲠生、沈子善、范寿康分别著有《公民教育》《公民教育概论》《新法公民教科书》《新中学教科书初级公民课本》《公民教育学》《公民教育论》《新学制公民教科书》《小学公民训练之理论与实际》《日本公民教育》；刘湛恩作为公民教育运动的主要组织者和领导者之一，依托上海中华基督教青年会全国协会，积极筹划公民教育运动，组织公民教育团体，发行公民教育刊物；晏阳初开展包括公民教育在内的平民教育；梁漱溟开展乡村建设运动；陶行知倡导“民主教育”思想；雷沛鸿倡导“国民教育”思想，李蒸倡导“民众教育”思想，等等。总之，他们主要从制定政策、著书立说、组织实践三个方面对公民教育开展研究与实践，表现为既有日趋成熟的公民教育思想，也有形式多样的公民教育实践，成为公民教育在中国产生与发展的积极推动力量。

以下，我们选取蔡元培、熊子容、袁公为、杨贤江、舒新城、刘湛恩、晏阳初、龚启昌等作为教育界人士的典型代表人物，概述他们在公民教育领域中的主要作为。

## 一、制定方针

以制定新教育方针为依托宣传公民教育的，当属时任中华民国教育总长的蔡元培。作为教育家的蔡元培，历任中华民国临时政府教育总长、北京大学校长、中央研究院院长。为了发展中国的新文化和教育事业，建立中国资产阶级民主制度，蔡元培始终坚守爱国的政治理念，开创了现代新文化、新教育、新科学事业发展的新局面，被誉为“学界泰斗、人世楷模”。在他的整个教育思想体系中，德育占据着重要地位。他不但成功地将中西文化贯通于德育过程中，而且引领中国德育逐步走向近代化。其中，公民道德教育作为蔡元培德育思想的重要组成部分，是中西文化融合的典型体现。❶

蔡元培公民道德教育思想的形成与发展以广博的学识和丰富的阅历为基础。1873—1883 年间，蔡元培求学私塾，熟读儒家经典，深谙中国传统文化。1894—1899 年间，蔡元培留学德国，广涉西学，包括哲学、历史、政治等多个领域。这些为他提出新教育思想奠定了必要的知识基础。❷

近代中国，甲午战争的惨败及之后高潮迭起的民族救亡运动，使蔡元培深刻认识到，面临西方殖民主义势力的入侵，清统治的腐败无能，唯有教育才是救国强民的根本。为实现教育救国理想，蔡元培赴德留学，专攻社会科学，研究教育理论，以期学成后贡献于国内教育事业的发展。当时的德国正值统一后资本主义迅速发展时期，需要大量懂技能、有素质的社会劳动力，以促进社会经济发展。该时期著名教育家乔治·凯兴斯泰纳顺应德国社会发展需求，提倡公民教育，以期培养德国人的责任感与爱国心，迎合了当时德国社会发展需要，使公民教育成为当时德国教育思想的主流，这对蔡元培产生了深刻影响。此外，蔡元培认真翻译了德国康德派哲学家腓力·泡尔生所著的《伦理学原理》，撰写了《中国伦理学史》《中学修身教科书》。这些专著和译著兼容中西文化，既梳理了中国传统道

---

❶ 于玲玲．蔡元培公民道德教育研究［J］．成人教育，2015（8）．
❷ 于玲玲．蔡元培公民道德教育研究［J］．成人教育，2015（8）．

德教育思想，也介绍了西方的伦理学说，还阐述了具有普遍意义的“适于今日社会”的道德教育内容。1912年1月，回国后的蔡元培担任中华民国南京临时政府第一任教育总长，上任后的首要任务就是恢复教育事业，确立新的教育方针。他在深刻反思清末“尊君、尊孔、尚公、尚武、尚实”教育方针基础上，明确提出了集军国民主义教育、实利主义教育、公民道德教育、世界观教育、美育于一体的“五育并举”教育思想。在他看来，中国传统教育中，“君”即“国”，“国”即“君”，“君国一体”的思想很严重，在这种思想背景下培养出来的多为忠君的顺民、臣民，国民因此缺乏国家意识和公德精神；并且指出忠君与共和政体不相符，尊孔与信教自由不相符，而提倡公德、尊重人权、追求平等、崇尚自由是共和时代的主要因素，从而否定了清末教育方针中的“忠君”“尊孔”两项教育主张。综上所述，公民道德教育思想是蔡元培在中华民族内忧外患的时代背景下，在深刻反思中国传统道德教育，借鉴吸收西方公民教育基础上的思想产物。❶

## 二、著书立说

熊子容、袁公为、杨贤江、舒新城、龚启昌、范寿康等主要以著书立说的方式宣传公民教育。

20世纪初，中国教育学者把握时代脉搏，融会中西，或编写教育学科教材，或撰述教育专著，使中国教育学科之面貌焕然一新。熊子容先生是其中杰出的先行者之一。他深谙20世纪初期中国陈旧落后的教育现状，远渡重洋，赴美深造。回国后，曾任复旦大学、光华大学、大夏大学、南京大学等校教授，还担任过南京师范学院教授兼图书馆馆长、南京师范学院教育系主任、中央教育科学研究所研究员。他毕生从事教育学研究与教学，具有广阔的教育研究视野。其研究范围涉猎公民教育、教育学基本理论、职业教育、学校行政、课程研究等诸多领域。他翻译的教材有桑代克（E. L. Thorndike）与盖茨（A. L. Gates）同著的《教育学原理》及巴比特

❶ 于玲玲. 蔡元培公民道德教育研究［J］. 成人教育，2015（8）.

著的《课程编制》，编写的教材有《课程编制原理》《公民教育》等[1]，为我国近代教育发展事业作出了积极贡献。作为中国近代教育学家，熊子容面对悲惨的社会现实，忧心国家的前途和命运，立志将发展教育作为拯救民族危亡的重要途径。为实现教育救国的理想，他进行了教育实践探索，并倾其一生从事教育教学与研究。1918 年，青年熊子容与毛泽东、蔡和森等在湖南岳麓山设立工读同志会，筹建"工读新村"，尝试将工读结合作为革新教育的基本途径。[2] 1928 年，留学美国华盛顿的熊子容回国后，结合我国学校教育课程现状，借鉴吸收美国课程研究成果，深入探究了课程编制的基本理论，著有《课程编制原理》，标志着我国教育学科课程研究领域的诞生。在该书中，他系统阐述了"课程的功用""现代课程的主要领域""课程编制的基本原则与方法""各级学校的课程编制""公民教育课程""职业教育课程"问题，开创了"卫生教育""职业教育""公民教育""休闲教育"课程领域，并指出："综合此四种活动，为完成课程之功用。学校课程之内容，于此四种活动，包括无遗。"[3] 在熊子容看来，公民教育是学校课程的重要领域，公民教育课程能够增长学生的社会知识、提高学生的社会技能，进而促进学生的全面发展。此外，熊子容著有《公民教育》，发表《中学生与教养》《中国两种教育——生产教育、公民教育实施的原则》《新生活运动和生产教育》等文章，既促进了公民教育理论的研究与发展，也推动了公民教育思想在近代中国的传入与传播。

袁公为（1906—1974），浙江诸暨人，民国时期著名教育家、心理学家和教育行政管理的专家。他在教育领域颇多建树，勤于耕耘，学识广博，曾任国立师范学院筹备委员兼公民训育系主任，并历任国立中央大学、中山大学、复旦大学、中央政校教授，上海育才中学校长，著有《国语读法教学原论》《世界各国小学教育概观》《儿童研究》《公民教育概论》《抗战与教育》《儿童心理学》《中等学校公民科教材及其教学法》《中学公民教育之理论与实施》《三民主义教育哲学概论》，为我国教育事

---

[1] 于玲玲. 熊子容公民教育思想探析［J］. 成人教育，2014（9）.

[2] 许成人. 毛泽东早期探索新教育的实践［J］. 江西教育科研，1995（6）.

[3] 龚启昌. 公民教育学［M］. 南京：中正书局，1947：22.

业作出了积极贡献。袁公为在担任国立贵阳师范学院（现为贵州师范大学）公民训育系主任期间，讲授公民教育课程，著有《公民教育概论》。该书是1930年袁公为编辑其公民教育课程讲义而成，并于1942年被选定为大学公民教育丛书，由文通书局正式出版，成为当时较少的公民教育著作之一。全书以“三民主义”为根据，既有历史的回顾、理论的思考，也有在现实和实践层面的总结和探讨，结构完整，内容全面，标志着近代中国公民教育初步具有了较系统的理论体系。[1]

杨贤江（1895—1931），浙江余姚人，中共党员，青年运动领导者，马克思主义理论家。在教育领域，他运用马克思主义立场、观点和方法研究教育问题，著有《教育史ABC》《新教育大纲》，并在《教育杂志》《学生杂志》《中学生》《教育潮》等学生界有影响的刊物上发表诸多青年问题、教育问题的论文、通讯、答问及译文，在20世纪二三十年代教育界和青年中具有广泛影响。具体到公民教育领域，他广泛涉猎《学修法》《成功与人格》《活动的心身修养法》《近思录》《明儒学案》《公民鉴》《康德人心能力论》等书籍。他关心青年的政治思想、道德品格，积极发表相关文章，如《论修养宜与教育并行》《什么叫作公民常识?》《学生与政治》《怎样讲修养》《养成团体生活习惯》《个人心与社会心》等，且积极身体力行，在浙江第一师范时经常参加基督教青年会的“知育活动”。1922年壬戌学制颁布后，杨贤江受全国教育会联合会和商务印书馆之托，参与起草《公民科课程纲要》，负责编纂《新法公民教科书》，对公民教育思想在民国时期的传播发挥了积极的促进作用。[2]

舒新城（1893—1960），湖南溆浦人，我国近代著名教育家、出版家和辞书学者。他作为我国近代著名教育家，在学制改革、课程改革、教育史学等方面的研究颇具影响力，为我国近代教育改革和发展作出了积极贡献。作为20世纪20年代我国“新教育”运动的倡导者，舒新城首推道尔顿制，并对道尔顿制进行了理论研究与实践尝试。在“新教育”运动失败后，他又专攻中国近代教育史研究，深化了对中国教育发展的认知。他编

[1] 于玲玲．袁公为公民教育思想探析［J］．成人教育，2014（10）．

[2] 于玲玲．杨贤江公民教育思想研究［J］．教育探索，2015（9）．

写的《近代中国教育思想史》被称为“第一部系统研究中国近代教育思想发展的学术专著”[1]。

在舒新城看来，中国近代教育思想变迁划分为清代的模拟期、民国的自觉期以及独立成一体系的女子教育思想三部分，其公民教育思想属于民国的自觉期，如图1－1所示[2]。

- 近代中国教育思想变迁
  - 模拟期（清代）
    - 方言思想
    - 军备思想
    - 西学思想
    - 西艺思想
    - 思政思想
  - 自觉期（民国）
    - 军国民与军事教育思想
    - 实利与实用思想
    - 美感思想
    - 大同思想
    - 职业思想
    - 民治思想
    - 独立思想
    - 科学思想
    - 非宗教思想
    - 国家思想
    - 公民思想
    - 党化思想
  - 女子教育思想

**图1－1 近代中国教育思想变迁史**

从现有资料来看，虽然舒新城对中国近代公民教育的关注和研究截止到20世纪20年代后期，但公民教育思想仍是舒新城教育思想的重要组成部分。舒新城不仅把公民教育思想归为近代中国教育思想自觉发展的产物，还对公民教育的背景、内容、方法进行了深刻分析，并凭借多年中学教育经验，编写了新中学教科书初级公民课本，其公民教育思想在推进国

[1] 张瑞璠，金一鸣．中国学术名著提要·教育卷［M］．上海：复旦大学出版社，1996：644.

[2] 舒新城．近代中国教育思想史［M］．福州：福建教育出版社，2007：13.

外文明理念在中国传播、提高国民素质、培养国民革命和建设人才、影响社会进步方面具有积极意义。[1]

龚启昌（1905—1989），教育学教授，江苏常熟人。1929 年毕业于中央大学（民国时期中国最高学府，现为南京大学）教育系。历任中央大学、南京师范学院教授。龚启昌毕生从事教育学的教学与研究工作，曾开设教育学、中学教育法等课程，主要论著有《公民教育学》《中学普通教学法》《教育学》《文纳特卡新教学法》《中小学应用表册》等。他对儿童心理也有较深入的研究，曾编译出版《儿童生活记》《儿童绘画心理之研究》等著作，发表中小学学科心理研究论文多篇。他曾任江苏省政协第二、三、四届委员。在公民教育研究领域，著有《公民教育学》，于 1947 年由中正书局出版。该著作立足中国社会现实，对公民教育的基本理论与实践做了全面且系统的阐述，集中饱含龚启昌独树一帜的公民教育思想，为后人研究民国时期公民教育提供了珍贵史料。

范寿康（1896—1983），浙江上虞人，著名爱国人士，是我国近现代著名的教育家、哲学家，也是我国早期马克思主义宣传者之一，1913 年赴日本留学，毕业于东京帝国大学，获教育、哲学硕士学位。1923 年回国后，历任商务印书馆编辑、中华《学艺》杂志主编、中山大学教授、春晖中学校长、安徽大学教授、武汉大学教授。1933 年 8 月至 1938 年 4 月，任武汉大学哲学教育系教授，主讲现代哲学、中国哲学史、哲学概论、希腊哲学研究等课程，以严谨的教学风格深得学生喜爱。在执教中，他热情介绍马克思主义唯物论，讲授辩证唯物主义和历史唯物主义；宣传“抗日救亡”的爱国主义思想；支持“一二·九”学生运动等；深受进步同学的欢迎和爱戴。范寿康作为“五四”时期开始介绍马克思唯物史观的学者，其胆识和勇气可见一斑。抗日战争时期，任军事委员会政治部第三厅副厅长兼第七处处长，负责对日宣传工作，创作了《日寇暴行录》等揭露敌伪罪行的资料。后在国民政府担任各种行政职务多年，先在台湾省任教育处处长，主持编写中、小学教科书，及编译一些外国著作等。后任台湾大学哲学系教授和台湾大学图书馆馆长。1946 年 1 月 19 日，任台湾行政

---

[1] 于玲玲．舒新城公民教育思想探微［J］．成人教育，2014（8）．

长官公署教育处处长，1970 年退休。范寿康一生出版著作近 30 部，发表论文 200 多篇。作为启蒙思想家，他编著了《哲学通论》《美学概论》《艺术之本质》《现代德国哲学概论》《朱子及其哲学》《中国哲学史通论》《伦理学》《中国哲学史纲要》等一系列教材，翻译了《马克思主义与唯物史观》，并编译了《认识论》《康德》《柏拉图》《亚里士多德》等小册子，传播西方文化；作为教育学家，他出版了《日本公民教育》《个性教育》《教育哲学大纲》《各科教学法》《教育大词典》《近代六大教育思想家》等专著，为推动中国的学术与教育进步作出了卓越的贡献。

## 三、组织实践

刘湛恩、晏阳初等结合当时国民现实特点和认知水平，侧重组建公民教育团体，以开展公民教育活动为主要宣传形式，积极开展公民教育实践。在他们看来，公民教育最好的方式就是让教育主体亲身去体验和实践。

刘湛恩（1896—1938），湖北阳新县人，爱国教育家、沪江大学（1906—1952 年）首任华人校长，抗日革命烈士。1915 年留学美国，1918 年获芝加哥大学教育硕士学位，1922 年获哥伦比亚大学教育哲学博士学位。1922 年回国后，任东南大学教授，后聘为上海中华基督教青年会全国协会教育总干事，并兼任上海职业指导所所长、大夏大学和光华大学教授。1928 年，任沪江大学校长，立志革新校务，倡导民主精神。“九一八事变”后，积极参加抗日救亡运动，任上海各界救亡协会主席。1938 年，因拒绝南京伪维新政府邀请，遭日伪暴徒狙击殉难。1985 年，中华人民共和国民政部追认刘湛恩为抗日革命烈士。在教育领域，他主张“教育社会化”“教育职业化”，提倡公民教育、职业教育等。具体到公民教育领域，作为公民教育运动的主要组织者和领导者之一，他积极筹划公民教育运动，组织公民教育团体，发行公民教育刊物，对公民教育思想和民主观念在中国的引进与传播发挥了重要作用。[1] 为推进公民教育，他依托上海中华基督教青年会全国协会，积极组建了公民研究团、公民宣讲队、公民养成团、公民训练会、公民班，并开展了宣传、服务、征文、测验等多种形式的公民活动，形式多样、效果明显、影响广泛，具有较强的操作性和实用性。

晏阳初（1890—1990），四川巴中县人，是享誉世界的平民教育家、乡村建设运动的倡导者。他具有强烈的爱国情怀和崇高的民族责任感。留美期间，他不堪忍受美国人与中国人在身体、知识、精神等方面的巨大反差以及20多万旅法华工受外国人轻视和耻笑的事实，立志以提高国民素质为己任，回国推行平民教育，以期提升国人的文化程度，树立国人的人格尊严。他曾立誓："惟致予毕生之力于平民教育，一息尚存，此志不渝。"[2] 晏阳初的乡村平民教育实验，从20世纪20年代由我国河北定县（今定州市）开始，后推广至华西、华中地区。50年代后，又发展到东南亚、拉丁美洲、非洲的一些国家和地区，可谓影响巨大、意义深远。当时，广销全球，有14种文字版本，发行量超过1000万份的美国期刊《读者文摘》，40年间7次登载关于晏阳初事业的专文。这在当时，是美国畅销刊物中对于一平民所做的空前且唯一的多次表扬。[3] 在平民教育工作中，晏阳初倾注了毕生的精力与心血，既有广泛的实践探索，也有深入的理论研究。在实践探索方面，晏阳初的平民教育团队不辞劳苦，开展社会调查、编写教材、创办报刊、实地试验，紧贴平民需要、平民心理、平民生活，以扩大平民教育范围、增强教育的实效性；在理论研究方面，他提出包括文艺教育、生计教育、卫生教育和公民教育在内的"四大教育"思想，试图解决中国的"愚、穷、弱、私"四大问题。具体到公民教育领域，他希望以之解决中国"私"的问题。所谓"私"的问题，如晏阳初所说："中国最大多数人民是不能团结的，不能合作，缺乏道德陶冶，以及公民的训练。"[4]

---

[1] 李毅红，于玲玲．刘湛恩公民教育思想研究［J］．天津师范大学学报：社会科学版，2015（3）．

[2] 宋恩荣．晏阳初卷［M］．北京：中国人民大学出版社，2013：37．

[3] 吴相湘．晏阳初传——为全球乡村改造奋斗六十年［M］．长沙：岳麓书社，2001：14．

[4] 马秋帆，熊明安．晏阳初教育论著选［M］．北京：人民出版社，1993：50．

通过公民教育，“激起人民的道德观念，施以良好的公民训练，使他们有公共心、团结力，有最低限度的公民常识、政治道德，以立地方自治的基础”。[1] 为实现这一美好愿望，晏阳初不仅发表《“平民”的公民教育之我见》《青年应献身于基层政治工作》《在定县全城识字运动会上的讲演》《关于非常时代中国青年应有的精神的讲话》《唤醒中国的民众》《中华平民教育促进会定县实验工作报告》等诸多文章，还积极组织公民教育团体，开展公民教育实践活动。如，在河北定县开展平民教育时，专设“公民教育部”“公民服务训练班”，筹建“平民校友会”“家庭改良会”，组织“平民法制讨论会”等。[2]

本章结合近代中国社会历史背景，探究了民国时期公民教育为先进教育界人士引入与传播的主客观因素，概述了教育界人士在公民教育领域中的主要作为，为后文进一步探讨民国时期公民教育思想做了基本铺垫。

---

❶ 马秋帆，熊明安．晏阳初教育论著选［M］．北京：人民出版社，1993：52.

❷ 李毅红，于玲玲．晏阳初公民教育思想研究［J］．天津师范大学学报：社会科学版，2015（6）.

# 第一章 以"国家—社会—个人"为体系的民国时期公民道德教育

民国时期的公民教育发端于以培育国民新型道德人格为目标的公民道德教育。如严复"三育救国论"中的"新民德"；梁启超"新民说"中的"公德观""合群观"；蔡元培的"公民道德"思想等。先进的国人在对我国传统道德教育的深刻反思中，认识到传统道德教育因脱胎于封建专制制度，旨在维护君主专制统治，强调尊卑贵贱、慎独克己的私德教化，从而导致国民的公共观念、法治观念淡薄，在一定程度上阻碍着中国由传统社会向现代社会的发展。因此，中国要实现复兴强盛而立于世界民族之林，着眼于对国民的文化觉醒与思想启蒙，实施新道德教育，培养公民道德观，养成国民现代意义上的道德人格。

## 第一节 民国时期公民道德的提出及其培养意义

在中国传统社会，规范人们言行举止、人际交往的伦理道德以家族为本位，家族伦理是人们安身立命的重要基础，家族伦理关系的调节是人们社会生活的基本课题。整个社会组织系统是从家族到村落再到国家，因而家族内的"父子""夫妇""兄弟"关系及由此而衍生出来的"君臣""朋友"关系的"五伦"构成了人与人之间基本的伦理关系，讲究人与人之间的伦理辈分及他们之间的相处之道，人们的社会生活便是严格按照伦理的秩序来进行的。因而，以家族伦理为中心的伦理关系，人与人之间的关系网以家族为中心展开，人们尤为注重家族内部成员之间关系的协调，家族观念深厚。当中国的历史步入近代，随着西方殖民主义势力一系列侵华战争的爆发，近代中国逐渐沦为半殖民地半封建社会，及由此引发的西方自由、平等、民主等思想的涌入，人与人之间的关系逐渐突破原有的家庭伦理范围，不断扩展至社会、民族、国家，国民的自由观、民主观、平等观逐渐萌生，公共意识、民族精神、爱国情感逐渐升温。在这一背景下，教育界人士继承我国优秀传统道德的同时，借鉴西方先进的道德观念，着重培育国民的公共道德观，以“国家—社会—个人”为体系的公民道德教育应运而生。

## 一、民国时期公民道德的提出

所谓公民道德，是指公民在参与或管理公共事务的过程中所秉承的观念、规范和原则。由于公民既是政治角色，也是公共角色，因而公民道德也有着狭义和广义的理解。狭义的公民道德指的是公民在政治生活中所遵循的道德观念、规范和原则，要求公民在参与或处理国家政治事务中应具有正确的政治态度、政治立场和政治观点，即公民作为政治角色所具有的道德；广义的公民道德指的是公民在社会生活中所遵循的道德观念、规范和原则，如职业道德、社会公德、国家道德等，即公民作为公共角色所具有的道德。公民尽管作为独立的个体而存在，但其实质上是“公”人，总为家庭、社会、国家、世界的一分子，其思想观念、行为方式都会不同程度地影响到家庭、社会、国家乃至世界。因而公民在不同的社会生活领域，遵循着不同的道德准则，积极培养自身良好的公共道德观。

公民道德产生于民国初期教育部为适应国家政体的转变而实施的教育改革中。从中国早期现代化的历史进程看，辛亥革命后由中华民国首任教育总长蔡元培所实施的教育改革，顺应了中国社会由封建君主专制制度向民主共和制度转变的发展趋势。由于国家政体的革新，晚清政府时期“忠君”“尊孔”“尚公”“尚武”“尚实”的教育宗旨中“忠君”“尊孔”两项内容已不再适应民主共和时代的发展潮流，提出且颁布新的适应民主共和时代发展的教育方针是关系到中华民国教育发展的全局性大事。蔡元培在深刻反思中国传统教育宗旨的基础上，在1912年2月11日发表了关于新教育方针的意见，提出封建专制时代的教育与民主共和时代的教育的最大差异在于，前者“教育家循政府之方针以标准教育，常为纯粹之隶属政治者”；而后者“教育家得立于人民之地位以定标准，乃得有超逸政治之教育”❶，且在深刻反思清末“尊君、尊孔、尚公、尚武、尚实”教育方针的基础上，指出忠君与共和政体不相符，尊孔与信教自由不相符，而提倡公德、尊重人权、追求平等、崇尚自由是共和时代的主要因素，从而否定了清末教育方针中的“忠君”“尊孔”两项教育主张，明确提出了集军国民主义教育、实利主义教育、公民道德教育、世界观教育、美育于一体的“五育并举”教育思想，且将公民道德教育视为“五育并举”教育思想的核心与根本。1912 年 9 月，民国教育部正式公布中华民国“注重道德教育，以实利主义、军国主义辅之，更以美感教育完成其道德”❷ 的新教育宗旨。至此，“公民道德”正式出现在民国时期官方教育宗旨中。

民国时期的公民道德是指公民作为公共角色在社会生活中所遵循的道德观念、规范和原则。如陈筑山在《公民道德根本义》中所指出，“公民教育的内容，不应当这样地狭隘：一当同时训练普通社会团体分子；二当兼注政治以外各种社会常识的训练；其三不但注重知识，尤当注重道德和技能的训练……”❸ 民国时期的公民道德教育并非局限于塑造公民的政治角色，而是注重提高公民的社会化程度，培育公民的社会公共道德，养成素质健全的公民。在民国时期教育界人士视域中的公民道德，既继承了我国优秀的传统道德观念，培养公民自制、亲爱、负责、诚实的个体道德品质，也适应近代中国社会变革的需要，借鉴吸收民主、自由、平等、公共责任等西方近代道德观念，由强调“私德”转而关注“公德”，由关注个体内在修养转而关注社会与国家，希冀融合中西优秀的道德观念，开创适合近代中国社会发展、解决中国社会问题的公民道德教育体系，以期通过公民道德教育提升国民整体素质来改变中华民族内忧外患、积贫积弱的悲惨命运。从公民道德教育的内容构成来看，主要涉猎公民在国家层面的道德要求、在社会层面的道德要求、在公民个体层面的道德要求三方面，构

---

❶ 高平叔．蔡元培教育论著选［M］．北京：人民教育出版社，1991：1.
❷ 舒新城．近代中国教育史料［M］．北京：中国人民大学出版社，2012：254.
❸ 陈筑山．公民道德根本义［M］．北京：中华平民教育促进会，1931：1.

成了“国家—社会—个人”三位一体的公民道德教育体系。在国家道德层面，侧重培养国民的爱国情感和民族精神；在社会公德层面，着重培养国民的公共心和责任心，提高国民的公共意识和服务意识；在公民个体道德层面，侧重强调培养国民的平等、自由、亲爱、自制等道德品质，旨在改变在长期封建专制社会中形塑的传统国民性，突破原有的家族观，培育具有公共观、责任观、国家观的新国民。

## 二、民国时期公民道德培养的意义

在我国传统道德文化中，道德主要表现在调整、规范君与臣、父与子、夫与妻、兄与弟、朋友的关系上，倡导忠君、父慈、子孝、弟恭、诚信等道德规范，注重尊卑贵贱、慎独克己的私德教化，社会公德意识淡薄。正如梁漱溟在《中国文化要义》中所讲的，“自私自利”是国民传统性格的首要特点，其主要表现为“身家念重、不讲公德、一盘散沙、不能合作、缺乏组织能力，对国家及公共团体缺乏责任感，徇私废公及贪私等”❶。辛亥革命后，统治中国两千多年的封建君主制度退出历史舞台，中国大地树立起民主共和国的大旗，传统的君臣关系不复存在，取而代之的是公民与民族国家之间的关系。尊卑贵贱的传统私德教化显然并不适应民主共和体制，传统国民性格也与巩固民主共和体制矛盾重重。鉴于此，民国时期的中国社会急需一种新的规范人与人、人与社会、人与民族国家关系的道德标准，由此公民道德教育呼之欲出。

“国家—社会—个人”公民道德教育体系的进步意义主要表现在三个方面：首先，该体系不仅包括公民个体道德要求，也涉猎社会层面的道德要求与国家层面的道德要求，冲破了我国传统道德教育中私德教化，使道德修养不再局限于私德教化，而扩展为对社会、国家乃至世界的公德，公共道德开始进入国人的视野。其次，在这些教育界人士的公民道德教育视域中，着重强调公民在社会层面的道德要求和在国家层面的道德要求，希冀培育国民作为民族国家的公共角色应具备的道德素质，公共意识、责任

❶ 梁漱溟. 中国文化要义［M］. 上海：上海人民出版社，2011：27.

意识、民族意识等构成公民道德教育的主要内容，进一步扩大了我国传统道德文化的领域，丰富了我国传统道德文化的内容，促进了我国传统道德教育向现代的转型。最后，“国家—社会—个人”公民道德教育体系是民国时期教育界先进人士围绕着挽救民族危亡和改革中国社会提出的时代主题，旨在提升国民的公共道德素质，挽救近代民族危机，实现国家复兴强盛。由此，这一公民道德教育为近代中国社会背景下调整、规范人与社会、人与民族国家之间关系的道德要求和行为准则提供了新的标准，在一定程度上有助于提升国人的道德素质，促进我国社会由传统向现代的转型。

## 第二节　以“国家—社会—个人”为体系的民国时期公民道德教育基本内容

在“国家—社会—个人”公民道德教育体系中，国家层面的道德，注重民族传统、现实国情及公民责任等的灌输，培育国民的爱国精神和民族情感；社会层面的道德，强调培养国民的公共意识和责任意识；公民个体层面的道德，提倡国民树立平等、自由、亲爱、自制观念，以期塑造适应近代中国社会发展的新国民。

### 一、国家层面的道德教育内容

在民国时期教育界人士的视域中，国家层面的道德教育内容涉及民族传统、现实国情、公民责任等，重在培育崇高的爱国情感和民族精神。

一是民族传统。不忘历史，方得未来。继承和发扬优良的民族传统是民族得以进步与发展的重要条件，因而为当时教育界人士在公民教育中所倡导。袁公为指出，民族传统，是由祖先遗留下来的带有民族传统的事迹或经验，每一个民族都有自己的关于哲学的、政治的、法律的、社会的、宗教的传统。因而，了解民族历史传统是增加民族国家认知的重要途径，理应成为国家层面的道德要求。在公民教育中注重民族历史传统的教育家也有晏阳初。他在实施平民的公民教育中，通过编写教材、传记、文学作品、绘画、演讲、歌曲等形式讲述民族英雄可歌可泣的事迹，以激发国民的爱国情感。如选取历史上志士仁人杀身成仁、舍生取义的典型事例，并制成图文，附以歌曲，然后进行宣讲、传播。据《中华平民教育促进会定县实验工作报告》显示，当时定县共完成了公民教育教材《历史图说》40套，并出版了《国族精神论例浅释》。[1] 由此可见，了解民族优良传统，增进国家认知，是民国时期教育界人士公民教育思想的重要内容之一。

二是现实国情。其主要包括了解国家构成、国势民情、社会现状等。如熊子容主张，中国的公民教育要以孙中山的“三民主义”为指导，立足新立民国的国势民情，塑造国民的公民资格、培养国民的经济能力、提高国民的政治素质，以期实现民族独立、民权普遍、民生发展。且在民权方面，他着重强调要培养国民具有爱国情感、政治参与意识、健全人格等。[2] 这些素质的具备是实现民权普遍的重要基础。公民只有关心国事、监督政府，参与政治问题讨论等，才能够最大限度地运用自身的公民权利，从而促进民权的普遍发展。袁公为在《公民教育概论》中也指出，将现实的社会生活素材作为公民知识教学的部分内容，其目的在于使学生熟知在社会生活、国家生活及国际生活上所必需的有关道德的、法律的、政治的、经济的、社会的知识，这些是造就良好公民的必备知识。因而，在袁公为看来，公民教育应以民族国家为立场，注重本民族的社会现状分析。此外，掌握国家现实发展状况也是龚启昌国家道德教育思想的重要内容。如他所说，初级小学公民教育要“使儿童能崇敬国家象征，明了伟人事迹，留心重要时事”；高级小学公民教育应“使儿童了解中央政治机构及国内社会经济等情形”；初级中学公民教育在国家方面要明确“本国的政治制度之大概”“政权与治权的意义，并能在学校活动中练习运用”“我国与世界各国之关系”“世界各国政体之大概，并能与我国做简单之比较”“国内外时事的兴趣和习惯”“‘三民主义’之要旨，并能确信其完美”；高级中学公民教育在国家方面的常识要求与初级中学公民教育的内容极为相似，只是

[1] 马秋帆，熊明安. 晏阳初教育论著选［M］. 北京：人民出版社，1993：92.
[2] 熊子容. 公民教育［M］. 上海：商务印书馆，1933：84－85.

在认知水平上要求更为深化，具有较强的理论性。如掌握“国家构成之因素”“我国立国的精神”“‘三民主义’与建国之秩序及个人对社会国家应负之职责”等。[1] 由此可知，在龚启昌看来，学校公民教育要注重增进学生对国家现状的认知，培养他们的爱国情感。

三是公民责任。刘湛恩在《公民与民治》一文中，较详细地阐述了公民在国家方面的责任和义务。其主要内容有“留意国家大事，以为参与政治活动的张本”“监督政府的政策，以期适合国民的公益，而使国家的行政入于正轨”“留意政体组织的改善，以期适合近世的潮流，而应社会之需要”“留意官员之选择，以期得获良好人才，而不致为地方之害”“组织政治活动的机关，以讨论各种政治问题，并团结民众的力量，以助国家大事的进行”[2]。在刘湛恩看来，国民对国家的责任并非掌握基本的常识，而是能够以参与者、体验者的角色和身份，积极参加国家公共事务。此外，刘湛恩在上海中华基督教青年会全国协会任职期间，组织开展公民教育运动。该运动的宗旨便是“提倡广义的、建设的、纯正的爱国心”[3]，其公民教育致力于培养国民的国家观念和责任，激发爱国情怀。杨贤江也以学生具体的实际爱国运动来进行爱国主义情感教育。据《杨贤江传记》一书中记载，1918 年 5 月 21 日，北京各校学生千余人因为不满段祺瑞军阀政府与日本政府秘密签订了“共同防敌”军事协定，进一步出卖我国主权一事，进行集会抗议，向段祺瑞政府请愿示威。杨贤江称这次学生爱国行动为“义举”，是中国学生界的“好现象”。他在 5 月 25 日的日记中写道：“国有奇辱，为国民者，孰不痛心？奋发鼓励，足振民气，故此举可嘉也，而不可轻抑。……呜呼！国危矣，寇深矣，雍容矩步，恐非其时矣。不乘此时以扬威作气，岂将待至受异族压迫势禁而后为殂耶？故吾谓学生此举甚正当也。”[4] 他也曾启发学生说：“何谓正鹄？何谓正路？即求知识所以为救国，先使了解国与民之关系，今世各国之大势，以及我国日下之状况，而归结于国之兴亡，民有其责。我国虽弱，倘各尽其职，努力进行，

[1] 龚启昌．公民教育学［M］．南京：中正书局，1947：225－254．

[2] 刘湛恩．公民与民治［M］．上海：青年协会书局，1926：29．

[3] 上海理工大学档案馆．刘湛恩文集［M］．上海：上海交通大学出版社，2011：56．

[4] 金立人，贺世友．杨贤江传记［M］．北京：光明日报出版社，2005：45．

终有富强之一日。所恃者恒心、毅力与其救国之决愿。”[1] “自今而后，吾学生界对于国事，须详细观察，精密研究，力尽提撕警觉之责，以振作国民之精神，唤起他界之觉悟。”[2] 杨贤江呼吁学生应当认清自身与国家间的利害关系，“天下兴亡，匹夫有责”，研究国情，关心国事，把爱国情感转化为积极的爱国行动。舒新城在《新中学教科书初级公民课本》中也指出，国家是每一位公民赖以生存与发展的重要保障。作为学生，应当认识到国家与个体之间的利害关系，努力培育自身的爱国心，善待自己的国家，奉公守法，尽职尽责，维护国家的发展与稳定。此外，舒新城也提倡摒弃狭隘的爱国主义，反对“唯我独尊”，而要像善待自己国家一样善待世界上其他的国家，热爱和平，谋求全人类的幸福。[3]

通过实施关于民族传统、现实国情、公民责任的道德教育，以培育崇高的爱国情感和民族精神，构成了民国时期教育界人士关于公民道德教育的视域中在国家层面的道德要求，也是民国时期公民道德教育的核心内容。爱国情感和民族精神作为我国传统优秀道德文化的重要组成部分，在民族危机严重的近代中国社会更加凸显了时代感和紧迫性，倡导国人不限于具有传统的爱国情感和民族精神，更多地强调要将传统的爱国理念转化为实际的爱国行动。正如这些教育界人士在公民教育研究或实践中所强烈提倡的，通过公民教育激发国民的爱国情感与民族精神，引导国民认识到国家的荣辱兴衰与自身利益息息相关，国家的复兴强盛对每一位公民的发展和意义，希冀国民能够掌握民族历史，留意国家大事，监督政府的政策是否适合公共利益，留意政体组织的改善是否符合社会需要，留意官员之选择是否选拔委任优秀人才，讨论时政问题，团结民众的力量，积极投身爱国事业。可以说，教育界人士对于民族意识与爱国情感的提倡，既是对我国优秀传统文化的继承与发扬，也是在民族危机严重的近代社会背景下对民族精神和爱国情感的重新阐释，对于突破中国传统私德教化，挽救民族危机具有重要意义。

---

[1] 金立人，贺世友．杨贤江传记［M］．北京：光明日报出版社，2005：45．
[2] 金立人，贺世友．杨贤江传记［M］．北京：光明日报出版社，2005：58．
[3] 舒新城．新中学教科书初级公民课本：卷三［M］．上海：中华书局，1926：76－77．

## 二、社会层面的道德教育内容

“公德，就是人类为营团体生活所必需的那些品德。这恰为中国人所缺乏，往昔不大觉得，自与西洋人遭遇，乃深切感觉到。”❶ 这段话出自梁漱溟先生的《中国文化要义》一书。在他看来，长期生活在封建专制文化中的中国人较之西方人缺乏公共意识、责任意识，这也是中华民族在面临西方殖民主义势力入侵时暴露在国民性上的劣势。梁启超也曾在《新民说》中开门见山地指出，“我国民所最缺者，公德其一端也。”❷ 公德，是公民个体处理个人与外界环境关系的重要品质，在某种意义上彰显着一个国家国民的道德素质。基于此，民国时期的教育界人士倡导社会公德教育，引导国民正确认识公民个体与社会之间的关系，着重培育国民的公共意识和责任意识。

### （一）公共意识

梁启超曾在《论中国国民之品格》一文中指出，“我国人同此人类，非能逃于群外也，然素缺于公德之教育，风俗日习于浇漓。故上者守一自了主义，断断然束身寡过，任众事之废堕芜秽，群治之弛纵败坏，惟是塞耳瞑目，不与闻公事以为高；下者则标‘为我’为宗旨，先私利而后公益，嗜利无耻，乘便营私；又其甚者，妨公益以牟私利，倾轧同类，独谋垄断，乃至假外人之威力以睃剥同胞，为他族之帐鬼以搏噬同种，谋丝毫之小利，图一日之功名，不惜歼其群以为之殉。呜呼！道德之颓荡至此，早亦不仁之甚。”❸ 此言论发人深省、使人顿悟。我国传统国民品性中公共意识的缺失，正是民国时期教育界人士在公民教育中呼吁培育公共意识的原因所在。

公共意识是民国时期教育界人士在公民教育中积极提倡的社会公德之

❶ 梁漱溟．中国文化要义［M］．上海：上海人民出版社，2011：64．

❷ 梁启超．新民说［M］．桂林：广西师范大学出版社，2012：9．

❸ 梁启超．论中国国民之品格［M］//饮冰室合集第二册（文集之十四）．北京：中华书局，1989．

一。培育公共意识既是公民教育的重要内容，也是公民教育的实现目标。归纳起来，民国时期教育界人士主要针对平民和学生两大社会群体来提倡公共意识。

一是平民。以平民作为公共意识教育对象的典型教育人士当属晏阳初。他在《“平民”的公民教育之我见》中指出，平民的公民教育主要目的之一是“在一切社会的基础上，培养民众的团结力、公共心，期望受过平民教育的人，无论处任何团体，皆能努力成为一个忠实而有效率的分子……”❶ 晏阳初主要针对平民群体，通过实施公民教育培育他们的公共心，使其具有公共意识、服务精神，能以大局为重，待人友善、关心集体。1919 年，晏阳初在《驻法华工周报》上发表《革心》一文，表达了他这种拳拳志士之心。革者，改也。“革心”就是以公心替换自私自利之心，以新心成就新人，以新人构建新的社会，以新的社会维系新的国家。他在该文中指出：“中国不富不强的缘故，是因为我们私心的人太多了。”“中国穷弱，其罪不全在于满清，到底还是因为我们中国人的心坏了。……民惟邦本，民心坏了，那国又怎能富强呢?”“我们全国上下人民急需的，就是革心。把那自私自利的烂心革去，换一个公心。”❷ 在晏阳初看来，中国之所以贫弱，原因在于缺乏公德心。所以，改变国民自私自利的心态，培养其公共心、团结力，是公民教育中一项基础性任务。此外，陶行知也积极倡导培育平民的公共意识。他在《每天四问》一文中，阐述了公共意识在社会团体生活中的重要性，引导平民能够适当放弃私利，树立大局观念，养成公共意识。如他所说，“一个集体能不能稳固，是否可以兴盛起来? 就要看每一个集体的组成分子，能不能顾到公德、卫护公德来衡量它。如果一个集体的组成分子，人人为公德为前提，注意着每一个行动，则这一个集体，必然是日益稳固、日益兴盛起来。”❸

二是学生。在民国时期教育界，一些教育人士着重倡导培育学生的公共意识。龚启昌在《公民教育学》中指出，小学公民教育应当在家庭教育

---

❶ 宋恩荣. 晏阳初卷［M］. 北京：中国人民大学出版社，2013：71.

❷ 吴相湘. 晏阳初传——为全球乡村改造奋斗六十年［M］. 长沙：岳麓书社，2001：24 - 35.

❸ 陶行知. 每天四问［M］//董宝良. 陶行知教育论著选. 北京：人民教育出版社，2015：555 - 556.

的基础上，着重训练公民基本的道德行为规范，以养成“修己善群的健全公民”[1]。其中，“善群”则为公民个人与他人、集体、社会等组织的关系，能够与他人和谐相处，勇于承担集体任务，是具备公共意识的重要表现。熊子容也从实现民族复兴的角度，提倡在学校的公民教育中培养学生的公共意识。他在《公民教育》中指出，学校公民教育要根据中国社会半殖民地半封建的性质，以实现民族复兴为目标，注重培养学生尊重公事、遵守秩序、爱护公物的品质，[2] 以培育国民的公共意识，关心公共事务，尊重他人，遵守公共秩序，爱护公共环境，服务公共事业等。可以说，熊子容关照中国社会现实，提倡公民教育，培育国民的公共意识，挽救民族危机，展现了教育家忧国忧民的伟大情怀。

民国时期教育界人士关于培育公共意识的提倡源于他们怀着实现国家复兴强盛的美好愿望，是社会公德层面提出的新道德要求之一。他们主要针对长期生活在传统封建社会的国人缺乏公共意识的道德现状，结合近代中国社会对国人公共意识的需要，提倡通过公民教育培育国人的公共意识，引导国人认识到公民个人与社会之间的联系，能够在社会交往和公共生活中顾及他人及社会团体、民族国家的公共利益，遵守公共道德行为规范，维护社会公共秩序，对提升国民的文明程度和国家现代化具有进步意义。

### （二）责任意识

责任意识也是民国时期社会公德的主要内容。在这里，责任意识主要指的是公民对家庭、社会、国家的责任意识。责任意识教育注重引导公民个体认识到自身对社会团体的重要意义，正确处理自身与这些社会团体的关系，培育公民良好的责任观的同时增强社会凝聚力。民国时期教育界的一些人士，如舒新城、杨贤江、龚启昌等，纷纷主张在学校公民教育中培育学生的责任意识。舒新城在《新中学教科书初级公民课本》中指出，传统国民由于封建保守思想的长期影响，只关心一己之利，往往关注个人私

[1] 龚启昌. 公民教育学［M］. 南京：中正书局，1947：89.

[2] 熊子容. 中国的两种教育——生产教育公民教育实施的原则［J］. 教育学，1934（1）.

利，对社会公共事务漠不关心，责任意识淡薄。因此，他在中学公民教育中，积极提倡学生社会责任意识的培育，引导他们在社会各类团体生活中实现自身利益的同时，要考虑到集体利益的实现。且无论公民身处何种团体，都要按照团体制定的章程、规则、法律、制度办事，顾及他人利益，实现整体利益最大化。❶ 杨贤江在《新法公民教科书》中也提倡尽责是公民资格养成的重要内容之一。何为尽责，杨贤江这样解释，“自己该做的事决不推诿；该做的事，人虽不知，仍当去做。”❷ 在他看来，能够主动而非被动地完成应尽责任是尽职尽责的体现。因而，在学校公民教育中，加强青年学生的责任意识教育，引导他们面对公共事务不推诿敷衍，要尽职尽责。龚启昌在《公民教育学》一书中，在中学公民教育目标问题上，也多次提到要养成公民的责任意识。在初级中学公民科教育目标中的“明了自己之责任，如注意身体健康，注意品行与行为之修养等”“明了对于家庭之责任，如对于父母的孝顺，对于兄弟妹们的友爱，对于亲长之尊敬等等”“明了自己及他人对于社会生活应尽的义务，如遵守社会秩序，维持公共卫生，尊重社会安全”等，以及高级中学公民科教育目标的“明了婚姻之意义及优生之理论，并且有在家庭内恪尽职责之愿望”“知道‘三民主义’与建国之秩序，并知道人对社会国家应负之职责”。❸ 可见，龚启昌指明了公民在自身发展、家庭生活、社会生活、国家生活等方面的责任。此外，刘湛恩、袁公为、熊子容也从公民道德素质与构建民族国家间关系的视角，纷纷提倡养成公民的责任意识。

教育人士从公民与社会、公民与民族国家的关系上突出强调培育社会责任意识的重要性，强烈提倡要通过公民教育培养国民的社会责任感，使其认识到公民作为国家的一分子，要依法履行纳税和服兵役的义务，也要能够关心国事、参与政治问题讨论等；公民作为社会的一分子，要热心社会公益，维护社会整体利益，具有互助合作精神；公民作为家庭的一分子，要与家人相亲相爱，自觉承担家庭责任；公民作为独立个体，也要对

❶ 舒新城．新中学教科书初级公民课本：卷三[M]．上海：中华书局，1926：75.

❷ 杨贤江．新法公民教科书［M］//任钟印．杨贤江全集：第6卷．郑州：河南教育出版社，1995：832.

❸ 龚启昌．公民教育学［M］．南京：中正书局，1947：242－254.

自身发展负责，全面提升自身素质。总之，塑造新一代具有责任心和使命感的国民，使其能够树立责任意识和服务精神，由“小我”境界升华为“大我”境界，认识到自身与社会、民族国家之间不可分割的联系，这对于凝聚民族力量、革新中国社会意义重大。

## 三、个人层面的道德教育内容

民国时期教育界人士关于公民个人道德的主张，主要集中在平等、自由、亲爱、自制四方面。

### （一）平等

教育界人士之所以在公民教育中倡导平等观念，主要源于两个因素：一是基于中国传统社会政治结构对道德文化的负面影响的深刻反思；二是深受美国教育家约翰·杜威的民主平等观的影响。在中国封建社会中，以浓厚的宗法色彩和发达的君主专制制度为主要特征的中国传统社会政治结构对中国道德文化产生了巨大的影响。这种传统的宗法型社会结构，导致中国形成伦理型道德，其在整合中华民族凝聚力，注重道德修养，重视人际交往中发挥着积极意义，使我们中华民族成为举世闻名的礼仪之邦。但与此同时，这种宗法型社会结构的负面影响也是巨大的，导致了传统社会中不平等的人际关系，形塑了国民严重的等级伦理观念、颇重的臣服心理、对权威和权力的迷信与推崇，这些在一定程度上成为中华民族文化健康发展的障碍。鉴于此，在民族危机重重的近代中国社会背景下，为挽救民族危机、提升国人素质、推动中华文化健康发展，民国时期教育界人士提出了为适应巩固民主共和政体、革新中国社会需要的平等观念。此外，20 世纪初美国教育家约翰·杜威的关于民主社会的论述也是促发这些教育人士倡导平等观的主要影响因素。杜威在《民主主义与教育》中指出，民主社会不同于专制社会，“有多量人人共享的利益，从而人人能够互赖互爱，能够自由交往，其结果便能协力维系社会的繁荣和促成社会的进步。因为平等相待而荣辱与共就会扩大人的胸襟，就会保证自由思想，就会促使新观念、新事物不断涌现，就会推动历史滚滚向前。”❶ 在杜威看来，民主社会坚持自由、平等、博爱原则，追求人的思想自由，注重人与人的平等交流、共同参与。

蔡元培在《对于新教育之意见》中指出，平等是公民道德教育的要旨之一。在这里，主要针对中国传统伦理道德教育中“三纲”的等级观念而言，提倡互助平等关系，摒弃封建等级观，代表着近代我国公民道德文化的进步。蔡元培把平等界定为“己所不欲，勿施于人”，与中华民族传统文化中的“恕”字意义相通，旨在人生而平等，自己所厌恶的事不要强加于他人，人与人之间应相互尊重，彼此宽容。❷ 在教育工作中，蔡元培也注重贯彻平等观。如他在《对学生的希望》中指出，“我意学生要与工役及其他知识低于自己的人讲求平等，然后遇教职员之以不平等待己者，可以不答应他。”❸ 蔡元培把平等的人际关系运用到处理师生关系问题中，积极提倡构建平等的关系，主张师生之间应相互尊重、平等相待。此外，蔡元培还将平等观应用于处理男女关系问题上。他在《燕京大学男女两校联欢会上演说词》一文中，倡导女生应享有与男子同等的教育权利，即“大学本来没有女禁……我国教育部所定的大学规程，并没有专收男生的规定……从前没有禁，现在没有开禁的事”❹。在这里，蔡元培指出，中国女学生若能接受高等教育是可喜的事情，政府和社会应多为女子创造受教育的机会和资源，全社会应当尊重女子的受教育权利，且积极鼓励女子接受教育。该主张在近代中国社会背景下具有首创意义，打破了封建传统社会男尊女卑的不平等观念，尊重女子的人格尊严、社会地位和平等权利，积极为女子教育创造良好的机遇与资源。平等观也是促发晏阳初在中国农村普及公民教育的思想动力之一。在留美期间，大量华工在美国受到的不平等待遇在很大程度上触动到了晏阳初。他不忍接受美国人与中国人在身体、知识、精神等方面的巨大反差以及20多万旅法华工受外国人轻视和耻笑的事实，立志以提高国民素质为己任，回国推行平民教育，以期提升国人的文化程

---

❶ 约翰·杜威．民主主义与教育［M］．王承绪，译．北京：人民教育出版社，1990：10.
❷ 于玲玲．蔡元培公民道德教育研究［J］．成人教育，2015（8）.
❸ 高平叔．蔡元培教育论著选［M］．北京：人民教育出版社，1991：286.
❹ 高平叔．蔡元培教育论著选［M］．北京：人民教育出版社，1991：292.

度、树立国人的人格尊严。平等观是促使晏阳初关心中国平民的境遇，并亲历亲为、倾其一生地贡献于中国平民的教育事业的主要思想动力，且其平民教育事业本身也是平等观的彰显与实现。刘湛恩于20世纪20年代在上海中华基督教青年会全国协会开展的公民教育工作中，对民治思想的提倡实质上也蕴含着平等观。如他指出，“民主政体的国家，其政权均操在人民手里，因为在民主政体的国家，人民是国家的主人翁，故其一切设施应以人民幸福为前提。”[1] 在这里，我们可以看出，刘湛恩提倡中华民国的全体国民应当同官吏、贵族平等地享有国家权力，国家权力不再为少数人所控制，且主张通过法治保护广大国民的平等权，这对于进一步摆脱封建专制思想、传播平等理念具有积极意义。熊子容在《公民教育》一书中也指出，公民教育是构建民主社会的重要手段。为构建民主社会，公民教育应着眼于全社会的共同利益，反对“一己私利”，注重传播平等观念、互助合作精神，最大程度地实现社会整体利益。与此同时，公民教育也要尊重社会每一个体的合法利益。因为，只有充分地发挥每一个体的才能，整体利益才能最大化。如他所说，“公民教育……怎样能养成个人独立的品格，乃有互助合作一切人群活动的注重；从这种种的活动，显示社会上的正义人道，都是蕴藏于个人独立的精神里面。”[2] 杨贤江也注重在民主社会中贯彻平等理念。较突出的是，他强调女子应当同男子享有平等的参政权，这在当时的中国社会具有较大的历史进步意义。如他赞成《中国妇女救国会大纲》中关于妇女参政权的规定，即“法律方面，主张选举权、参政权、承继权、行为权、亲属关系及夫妻关系均一律与男子平等……”[3] 根据法律规定，女子享有的平等权不再局限于人身自由权、受教育权、人格尊严等，也包含了与男子同享的参政权，这在一定程度上代表着女子社会政治地位的提高。

民国时期教育界人士关于平等观的主张，迎合了辛亥革命后国家政体由封建君主制向民主共和制的转变，旨在打破传统封建专制社会中“君为

[1] 刘湛恩．公民与民治［M］．上海：青年协会书局，1926：1.

[2] 熊子容．公民教育［M］．上海：商务印书馆，1933：35.

[3] 杨贤江教育思想研究会．杨贤江记念集［M］．上海：商务印书馆，1985：272.

臣纲，父为子纲，夫为妻纲”的等级观念，摒弃男尊女卑的封建传统思想，提倡在民主共和政体下依靠法律和社会教育的力量实现人与人之间关系的平等化，尊重公民个体的正当权益，反对一己私利，注重公共利益。这些对于提升国民思想素质、扩大国民政治权利有着积极意义，也为促进民族国家由传统到现代的转型奠定了必要的思想基础。

### （二）自由

民国时期教育界人士关于公民道德教育视域中的自由主要包含“人身自由”“思想自由”“民族自由”。一是人身自由。人身自由权利是最基本的公民自由权利之一。教育界人士立足近代中国社会变化，针对在长期的封建专制社会中的“君为臣纲”“父为子纲”“夫为妻纲”的“三纲”等级观念，提倡摆脱人身依附关系，主张享有人身自由权利，且自由权利要受到国家法律保护，任何个人或组织不能以任何名义侵犯他人的人身自由权。二是思想自由。在这里，指的是摆脱传统封建等级观念的思想自由。蔡元培在《对于新教育之意见》一文中，把自由视为公民道德教育的要旨之一。在这里，自由主要指的是思想上的自由，如蔡元培所说，“所谓自由，非放恣自便之谓，乃谓正路既定，矢志弗渝，不为外界势力所征服。”❶ 它与中华民族传统文化里的“义”意思相近，蕴含着“富贵不能淫，贫贱不能移，威武不能屈”的大无畏精神，不受宗教、风俗的束缚和左右，讲究身心自由，且尊重他人的自由，不将个人自由建立在他人不自由的基础上。这相对于我国两千多年的封建传统专制的君为臣纲、父为子纲、夫为妻纲，培养顺民、臣民意识而言，是时代进步、思想进步的体现。❷ 三是民族自由。自鸦片战争爆发后，中华民族于内面临封建主义的压迫，于外面临西方殖民主义势力的侵略，逐渐陷入半殖民地半封建社会的深渊。因而，争取民族自由解放、实现国家复兴强盛成为近代以来中国先进知识分子的人生抱负。正如蔡元培指出，“就一社会而言之，与我以

---

❶ 蔡元培．在育德学校演说之述意［M］//中国人的修养．北京：中国工人出版社，2008：297.

❷ 于玲玲．蔡元培公民道德教育研究［J］．成人教育，2015（8）.

自由乎，否则与我以死，争一民族之自由，不至沥全民族最后一滴血不已，不至全国为一大塚不已，有何等意义乎？”❶

## （三）亲爱

“亲爱”一词，出自蔡元培的《对于教育方针之意见》一文。他在文中指出，“亲爱”即为“己欲立而立人，己欲达而达人”，与我国传统文化中的“仁”字含义相通，蕴含着人与人之间应具有同理心、仁爱心，以诚相待，互帮互助，不以大欺小、以强欺弱，且能体恤弱势群体、关爱幼小之意。❷ 他借鉴我国优秀的传统文化，阐释“亲爱”的含义，指出“亲爱”是一切道德的根源，也是巩固民主制度、构建民主社会的基本原则。与蔡元培主张的“亲爱”意思相近的有杨贤江所提出的“和善”。杨贤江在《新法公民教科书》中指出，“和善”是高年级小学生构成公民资格的重要因素之一。具体是指，“对于一切不存怨恨猜忌之心；出言和婉而亲切；动作有礼貌，决不傲慢；做事肯受劝告或商量”。❸ 可见，“和善”中也蕴含“亲爱”之意，真诚待人，不傲慢、不独断。熊子容在《公民教育》一书中，主张学校公民教育应当根据国家基本国情和现实政策，制定统一的教育目标，提升公民教育的实效性和影响力。具体地讲，在道德方面，培养公民树立忠孝、仁爱、信义、和平观念，做到尊重公事、遵守秩序、爱护公物、服从真理、诚意合作。❹ 在这里，熊子容把“仁爱”作为学校道德教育的基本要求之一，且“仁爱”与“和善”有着异曲同工之妙，都在表达“亲爱”的道德品质。袁公为在《公民教育概论》一书探讨小学公民教育目标时，提出了小学生在公民道德方面的具体要求。其中，培养仁爱的品质是小学公民教育的要点之一。❺ 龚启昌在《公民教育学》一书中就小学公民教育目标的问题，指出要培养学生具有国民的基本德

---

❶ 高平叔．蔡元培教育论著选［M］．北京：人民教育出版社，1991：3.

❷ 高平叔．蔡元培教育论著选［M］．北京：人民教育出版社，1991：2.

❸ 杨贤江．新法公民教科书［M］//任钟印．杨贤江全集：第6卷．郑州：河南教育出版社，1995：834.

❹ 熊子容．中国的两种教育——生产教育公民教育实施的原则［J］．教育学，1934（1）.

❺ 袁公为．公民教育概论［M］．贵阳：文通书局，1942：180.

性，使其“在对人对事的态度上发展亲爱的德性”[1]。

总之，无论是蔡元培的‘亲爱’思想，杨贤江的‘和善’观、熊子容的‘仁爱’观，还是龚启昌提倡的‘发展亲爱的德性’等，都是结合近代中国社会现实，继承我国传统道德文化中“仁爱”思想，倡导人与人之间互助合作、真诚相待，反对封建统治、封建压迫、封建剥削，提升国民素质，增强民族凝聚力。

### （四）自制

自制，也可理解为中华民族优秀传统道德文化中的“克己”，其主要意义在于培养公民对思想、情绪及行为的控制力及对外界环境的免疫力，学会自我约束，提高道德修养。舒新城指出，养成良好道德行为除了受到社会环境的影响外，也与公民的内在修养相关。较强的自制能力是公民道德品质的重要组成部分，使公民能够控制不良思想观念与行为，也能够抵御外界物质生活利益的诱惑，提升道德素质。杨贤江在《新法公民教科书》中也提到“克己”这一道德品质。他指出，克己是构成公民资格的基本要素之一。欲养成克己的习惯，青年应当“勤慎言语，不骄傲，不卑鄙”“节制性情，不忿怒，不暴躁”“郑重行为，不推诿，不妄动”。[2] 克己就是要有自制力，养成良好的语言和行为习惯，控制不良情绪和消极心态，培养健康身心。蔡元培在《对于教育方针之意见》中所主张的“自由”道德品质，也与“克己”“自制”有着相同的含义。即不干涉他人正当自由，尊重他人，提升思想境界，培养良好的人际关系。熊子容也明确指出，学校的公民教育要注重培养学生的节制能力。[3] 龚启昌在《公民教育学》里面探讨幼稚园的公民教育问题时指出，“发展幼稚园儿童良好之公民德性——如能自制……”[4] 在他看来，公民自制的道德品质要从小抓起，注重基础性道德品质在公民成长发展中的积极意义。

---

[1] 龚启昌．公民教育学［M］．南京：中正书局，1947：90．

[2] 杨贤江．新法公民教科书［M］//任钟印．杨贤江全集：第6卷．郑州：河南教育出版社，1995：832．

[3] 熊子容．中国的两种教育——生产教育公民教育实施的原则［J］．教育学，1934（1）．

[4] 龚启昌．公民教育学［M］．南京：中正书局，1947：222．

总之，自制是保证团体生活存在与发展的重要因素。若团体生活中的每一个成员做到克己，以大局为重，甘愿放弃私利，这个团体才能发展持久。因此，大多教育人士都意识到自制在团体生活中的重要性，在公民教育中予以积极倡导，希冀养成国民的自制精神，更好地维护团体乃至民族国家的整体利益。尤其面对内忧外患、积贫积弱的近代中国社会，国人若能放弃私利，以民族利益为重，国家才有复兴强盛的希望。在这里，也要指出的是，教育界人士所提倡的“克己”与传统道德教育中的“克己”，两者的含义并非完全相同。在我国传统道德文化中，“克己”是为了“复礼”，毫无保留地约束自己，恢复周礼，以维护封建专制统治。但现今，克己更多指的是“自律”，能够约束自我，维护整体利益，代表着一种积极向上的道德品质，并非泯灭人欲。

除了上面提到的平等、自由、亲爱、自制道德品质外，公民道德也涉及负责、诚实、和平等。教育界人士注重把中国传统优秀道德与近代西方的道德有益成果相结合，开创符合近代中国社会需要的公民道德教育。公民道德是构建公共道德的重要基石。只有先做到“修身”，才能有实现“齐家”“治国”“平天下”的可能。

## 第三节　以“国家—社会—个人”为体系的民国时期公民道德教育特点

在挽救民族危亡、改革中国社会的时代主题下，融合中国优秀传统道德思想与近代西方先进的道德理念而成的“国家—社会—个人”公民道德教育体系，呈现两个主要特点。

### 一、涉猎国家、社会、个人三层面的道德

传统的中国社会是以家庭伦理为本位的社会。家族是整个封建社会组织系统的中心。家族伦理关系的调节是社会生活的基本课题，也是个体安身立命的重要基础，所有人与人之间的关系都牢牢地套在家的关系中。中

国封建社会中的“五伦”则充分展现了这种牢固的家的关系及其在家的关系上的延伸。中国传统社会中生长起来的家族文化具有双面性，一方面，它是中国人安身立命的思想基础，也是凝聚中国社会的文化力量，能够维护传统中国社会的生活秩序；另一方面，随着西方殖民主义的入侵，西方文化也随之涌入我国，当西方这种文化与中国传统文化发生碰撞时，在一定程度上暴露出中国传统文化不符合我国近代社会发展需要的种种弱点和弊端。当时一些有识之士在面对与西方列强的侵略战争中，放眼世界，深刻反思中国传统思想文化的弊端与劣势：以家庭伦理为本位的传统文化，人与人之间的关系是由家庭关系推广发展的。以家庭关系为繁衍其他关系的中心，在很大程度上消融了个人与社会、国家之间的关系，导致国民的家庭观念颇重，公共意识淡薄，国家观念缺乏，社会如“一盘散沙”，缺乏社会凝聚力。

在反思以家庭伦理为本位的传统文化的基础上，教育人士融会中西道德文化中的精华，开创了一种新的道德教育体系，即以“国家—社会—个人”为体系的公民道德教育。这一公民道德教育体系，既注重提升公民个体内在道德素养，也强调公民个体正确处理与外在的社会、国家之间的关系，公民个体不仅属于家庭，也处于社会、国家当中，是社会、国家重要的一分子，要自愿自觉地承担起社会责任和国家义务，要有公德心、公共心和责任感，意识到公民个体与社会、民族、国家之间有着生死攸关的联系。总之，以“国家—社会—个人”为体系的公民道德教育不拘于强调传统文化中修身克己的私德教化，也引入了自由、平等、公共意识等西方道德教育思想中的有益成分，注重培养国民的主体性、社会责任感和民族意识，塑造现代公民，在一定程度上丰富了我国道德教育。

## 二、彰显公民道德教育的工具性价值

马克思主义认为，社会存在决定社会意识，社会意识对社会存在具有能动的反作用。[1]思想观念，作为一种社会意识，是社会存在的集中反映，也反作用于社会存在。以“国家—社会—个人”为体系的公民道德教育产生在中华民族面临内忧外患的社会背景下，当时的教育界人士围绕着民族救亡图存的时代主题，坚定教育救国的理想，希冀通过构建新的道德教育，改造传统国民性，塑造符合时代发展的公民。在这一意义上，公民教育已脱离“领域概念”而凸显“目的和功能概念”——近乎整体意义上的民族教育。换言之，公民教育乃是一种培育国民养成民族国家观的教育，其旨归是为民族国家培养合格国民。

自1840年鸦片战争以来，随着西方殖民主义势力的侵入，中国逐步沦为半殖民地半封建社会，农业和家庭手工业相结合的封建经济逐步遭到破坏，传统的封建经济结构和政治结构受到前所未有的冲击，民族危机日益深重。中国社会经济结构和政治结构动摇，而作为封建经济和政治的集中反映并为之服务的传统文化，已不能解答近代中国社会的现实问题，这就迫切需要革新传统价值观念和道德观念，以适应新社会形势的发展。一些仁人志士立足当时的时代背景和社会局势，重新审视中国的传统道德教育，主张革除不再适应时代发展的传统价值观念和道德观念，提倡在继承中国优秀传统道德教育思想的基础上，融入西方先进的道德教育理念，构建新的公民道德教育体系。由此，“国家—社会—个人”公民道德教育体系应运而生，旨在通过培养公民在国家层面、社会层面、公民个体层面的道德教育，提升国民的道德素质，使之具有良好个性品质，能够正确认识和处理公民与社会、民族、国家间的关系，能以救亡图存和反帝反封建为己任，为实现民族独立和国家强盛而贡献一己之力。由此可见，“国家—社会—个人”公民道德教育体系的产生有着历史的必然性和时代使命感。

[1] 《马克思主义哲学》编写组．马克思主义哲学［M］．北京：高等教育出版社，2009：68．

# 第三章　以国家利益为核心的民国时期公民意识教育

民国初期20余年间，公民教育思想在中国主要城市发展迅速，由以公民道德教育为主发展为以国家利益为核心的公民意识教育，标志着公民教育思想在中国的发展日趋成熟与完善。

## 第一节　民国时期公民意识的产生及其培养意义

随着鸦片战争的爆发，近代中国面临西方资本主义和国内封建主义的双重压迫，逐渐沦为半殖民地半封建社会。帝国主义和中华民族的矛盾、封建主义和人民大众的矛盾成为该时期社会的主要矛盾，因而推翻封建专制统治、驱逐殖民主义势力的“救亡图存”成为近代中国社会的主要任务。鉴于此，民国时期先进的教育界人士立足近代中国社会的主要矛盾和主要任务，倡导以国家利益为核心的公民意识教育，旨在培养国民的权利义务观、政治参与意识、民主法治观、民族国家观，塑造符合近代中国社会发展需要的新型国民。

### 一、民国时期公民意识的产生

作为一种社会意识形态，公民意识是指公民对自身公民身份的认可，具体表现为人们对“公民”作为国家政治、经济、文化、社会活动主体的心理认同和理性自觉。它可从以下两方面来理解，一是公民意识的主体不同于一般的社会意识主体，一般的社会意识主体可以是任何社会成员，但公民意识主体必须具有公民身份。不具有公民身份的主体不可能产生公民意识。如生活在奴隶社会和封建社会的国民相对应的是奴隶身份和臣民身份，不具备公民身份，不可能产生公民意识。所以说，公民意识不是凭空产生，而要建立在一定的政治、经济、文化与社会的基础之上。从其发生的意义上讲，公民意识是作为公民的主体在宪法国家运行的社会条件下生长起来的意识形态，其产生、发展与民主政治、法治国家紧密相关。二是公民意识作为一种社会意识形态，并非对一般社会客观现实的反映，而是对国家公共生活状况的反映，包括对国家宪法制度运行状况、民主政治、社会公共生活等领域的了解，也是公民对自身的政治地位、法律地位、社会地位及依法享有的权利和义务的认知。总之，公民意识是民主政治、法治国家的产物，是公民对“国家—公民”互动模式的认知、态度、情感、行为的客观共识。

公民意识之所以在中国产生，得益于辛亥革命后资产阶级民主共和政体的确立以及新文化运动、五四运动、城市的兴起。1911 年辛亥革命推翻了两千多年的封建君主专制统治，民主共和政体在中国确立。根据《中华民国临时约法》的规定，国家的一切权力属于全体国民，国民作为国家权力的主体，能够行使掌管、监督、参与国家公共事务的权利，民主观念开始深入民心。但现实并非如此，辛亥革命后资产阶级民主政体的确立并没有带来预期的中国社会的稳定与统一，在中华民国成立初期便出现了袁世凯复辟、军阀混战及外国侵略势力愈发加剧的现象，人民仍然生活于水深火热之中。面对内忧外患的近代中国社会现实，充满“中国向何处去”的彷徨与苦闷，以陈独秀、李大钊等为主要代表的先进知识分子和青年学生在 1915 年掀起了一场以反对封建旧文化、提倡新文化的思想启蒙运动。他们提倡民主和科学，反对封建旧道德、旧文学，号召人们“冲决过去历史之网罗，破坏陈腐学说之囹圄”，给近代的中国社会带来了空前的思想解放运动。1919 年 5 月，五四爱国运动继新文化运动之后，高举“民主”和“科学”的旗帜，在民族主义和爱国主义的激励下，展开了一场轰轰烈烈的反帝反封建的爱国运动。其间涌现出一批为追求民族独立和国家富强而积极探索救国救民真理和改造社会的先进分子，完全不同于传统的士人阶层的知识分子，具有独立批判意识。他们向中国传统的伦理、道德、风俗和制度发起挑战，接受民主、科学、自由的思想，为当时的中国社会带来了一场思想解放运动，唤起了中国人民反帝反封建的爱国意识和民族独立自强的觉醒。此外，城市在民国时期的兴起与发展也为公民意识的产生提供了基本的经济条件。西方列强通过不平等条约，强压清政府在中国沿海和内陆地区开设开放城市和通商口岸，建立起铁路、矿业、金融等实业和工厂。由此，这些地方成为了外资相对集中、经济相对发展、就业机会相对丰富的城市，促使愈来愈多在自然灾害和战争中失地的农民向这里集中，促进了中国沿岸和内陆地区的经济发展及城市的建立，也培育出一大批具备一定工作技能的产业工人。总之，中华民国的成立、新文化运动、五四运动及城市的兴起为公民意识在中国的萌生奠定了必要的社会基础。

民国时期教育界人士面对上述社会现实，深刻反思中国传统封建文化中不符合近代中国社会发展的臣民意识、盲从心理等旧文化，积极倡导培育国民的权利义务观、政治参与意识、民主法治观、民族国家观，使其掌握作为民族国家的公民所具有的法律规定的基本权利和义务；知法懂法守法，懂得运用法律武器维护自身的合法权益；具备基本的政治常识，关注时政问题；了解中华民族的历史与文化，树立民族自豪感和自信心；正确认识个人与民族国家间的紧密联系，把崇高的爱国情感转化为实际的爱国行动，塑造现代性国民。

## 二、民国时期公民意识培养的意义

民国时期教育界人士提出的公民意识，包括公民权利义务观、政治参与意识、民主法治观念、民族国家观，对养成国民的公民意识、提升国民素质至关重要，也为拯救近代民族危机、实现国家现代化奠定了重要的思想基础。

其一，民国时期教育界人士对西方公民意识的引入，倡导实施公民意识教育，有利于改变我国封建专制社会中所形塑的传统国民性，逐渐养成国民的公民意识，提升公民素质。公民意识的产生与发展是西方社会文明进程的重要标志，也是西方资产阶级反对封建专制统治的思想文化利器。它是相对于欧洲中世纪基督教神学和封建专制制度中的臣民意识、奴化思想而言，其产生源于西方资产阶级与广大民众对在基督教神学与封建专制主义社会中的奴仆、臣民、草民及其义务对象的批判与否定，是对自由、人权、平等、博爱、共和的信仰与追求，宣扬“天赋人权”，反对“君权神授”，抨击天主教会和君主专制制度和封建贵族的等级特权观念，也是对人的理性、价值、主体性、自主性、独立精神的肯定与张扬。在我国两千多年的封建君主专制社会中，君主是整个封建社会的政治中心和统治者，而每一个国民则处于以血缘关系为基础，由父亲、自己、儿子构成的宗法关系中，自己不是独立的个体，而是处在上一代与下一代的义务关系包围中，在家族范围内服从于“父”，在国家范围内隶属于“君”，成为封建君主专制统治的工具和对象。在这种以责任与义务为核心的宗法关系中，国民个体的权利显得不那么重要，首先要考虑的是个体对上、下两代甚至上、中、下三代之间的责任与义务，因而在一定程度上湮灭了人的个性，否定了个体的自我意义、主体性地位、自我意识及权利观念。这种宗法关系一直在长期的封建社会中居于稳固地位。尽管辛亥革命结束了封建君主专制统治，主张主权在民，但并没有从根本上改变中国社会半殖民地半封建社会的性质，国家主权在辛亥革命后很快由少数军阀所控制，国民对公共事务、国家政治事务依旧听之任之，持冷漠态度，缺乏作为民主共和国国民应有的主体意识、权利义务观和公共精神等素质，传统的国民性并未因中华民国的成立而发生根本改观。由此，先进的教育界人士积极引入西方的公民意识，倡导融合西方教育思想与中国传统教育思想的新型教育，改造传统的国民性，提倡和培育公民意识，以唤起国民对自我价值、自我意义的肯定和追求，提升国民的公民素质。

其二，民国时期教育界人士对西方公民意识的引入与倡导也利于推进民族国家的现代发展。一个民族国家的现代化，首先是人的现代化。国家的现代化程度在很大因素上取决于该国国民的现代化程度。诚如梁启超所言，“国民者，以国为人民公产之称也。国者积民而成，舍民之外，则无有国。以一国之民，治一国之事，定一国之法，谋一国之利，捍一国之患，其民不可得而侮，其国不可得而亡，谓之国民”。[1] 国民是一个国家的

---

[1] 蔡元培. 在育德学校演说之述意［M］//中国人的修养. 北京：中国工人出版社，2008：297.

主体，其素质的强弱与民族国家的发展密切相关。

在我国封建传统文化中，儒家伦理文化和封建等级制度居于统治地位。以“三纲”“五常”为核心的儒家伦理文化居于正统地位。“三纲”要求为臣、为子、为妻要绝对服从君、父、夫，反映出封建等级社会中君臣、父子、夫妻之间的等级关系。“五常”即仁、义、礼、智、信，用以调整、规范君臣、父子、夫妻、兄弟、朋友之间的伦理关系和行为准则。以“三纲”“五常”为核心的儒家伦理文化关注的不是人的主体性，而是人身依附关系；不是人的平等，而是人的不平等性与身份差异性；不是启发人的独立自主，而是要求人安于身份的差异与等级关系，恪守“礼制”。正如朱熹所提出，“循天理，则不求利而自无不利；徇人欲，则求利未得而害已随之”❶ 的“存天理，灭人欲”的封建思想。因而在这样长期的主体性虚化的教育和实践中生活，缺乏培育国民公民意识和主体精神的土壤与养分，国民的奴化思想、臣民意识浓厚，“摇尾乞怜于外人之前，以求保其身家，甚或借外人之力，戕贼同类以媚外人”，❷ 对国家的公共事务持“事不关已，高高挂起”的冷漠态度。

在西方的现代化进程中，实现了工业革命的西方资产阶级国家为在全球范围内寻求原料产地和消费市场，将矛头指向了古老的中国。随着西方列强的入侵，中国被动打开了尘封已久的国门。随着国门的打开，西方各种思想文化也随之传入中国。在中西文化的碰撞下，教育界人士产生了对封建传统文化的觉醒与反思，围绕着“教育救国”的理想，试图改变国民身上的封建传统的伦理观念和等级思想，培育我国国民的公民意识，使其树立权利义务观、政治参与意识、民主法治观、民族国家观，唤起国人的自觉，从人格依附的臣民转变为个性独立的现代国民，承担起自身对家庭、社会乃至国家的义务与责任，致力于民族国家的复兴大业。可以说，培育国民的公民意识观念在一定程度上加快了封建传统文化的瓦解，推动着中国社会的思想观念、行为准则、价值判断、风俗习惯等诸多方面向现代社会转型与发展。

---

❶ 孟子集注：卷一[M]. 济南：齐鲁书社，1992.

❷ 张枏，王忍之. 说国民［M］//辛亥革命前十年间时论选集：第1卷：上册. 北京：生活·读书·新知三联书店，1960：74.

# 第二节　以国家利益为核心的民国时期公民意识教育的基本内容

权利义务观、政治参与意识、民主法治观、民族国家观构成了民国时期教育界人士视域中公民意识教育的基本内容。

## 一、权利义务观

"凡人所以为人有二大要件：一曰生命，二曰权利，二者缺一，时乃非人。"❶ 公民权利义务观是民国时期公民意识的核心内容。在民国时期教育界人士的公民教育视域中，享有公民权利且履行公民义务是臣民向公民转化、实现国民素质现代化的必要条件，也是公民养成的重要标志。

### （一）公民权利

权利观是公民意识的核心内容之一。公民权利观的出现既是臣民转向公民的重要突破，也是公民意识集中发展的重要标志。权利的有无和权利的实现程度是臣民与公民的最大区别。正如梁启超所言："权利思想者，非徒我对于我应尽之义务而已，实亦一私人对于一公德应尽之义务也。"❷ 同时，他也呼吁，"为教育家者，以养成权利思想为第一义"❸。

民国时期教育界人士关于公民权利的思想呈现两个主要特征：

其一，注重引导国人树立公民权利意识，着重强调公民依法享有自由权、平等权、参政权、选举权，培育国人的自由、平等、参政意识，实现由传统臣民向现代公民的转变。如，杨贤江根据《中华民国临时约法》的规定，详细介绍了公民所依法享有的三种权利。一是自由权。杨贤江指

❶ 张枬，王忍之. 说国民［M］//辛亥革命前十年间时论选集：第1卷 上册. 北京：生活·读书·新知三联书店，1960：10.

❷ 梁启超. 新民说［M］. 桂林：广西师范大学出版社，2012：72.

❸ 梁启超. 新民说［M］. 桂林：广西师范大学出版社，2012：28.

出，自由权可具体化为：（1）身体自由，即“我们的身体，非依法律，不得逮捕、拘禁、审问、处罚”。（2）居住自由，即“我们的住宅，非依法律，不得侵入、搜索”。（3）思想自由、出版自由，即“我们的言论、著作，非依法律，不得压抑”。（4）集会、结社自由，即“我们所组织的团体、所开的会议，非依法律，不得禁止”。（5）书信秘密自由，即“我们的通信，非依法律，不得拆阅”。（6）保有财产及营业自由，即“我们的财产及营业，非依法律，不得干涉”。（7）居住转移自由，即“我们得自由迁居”。（8）信教自由，即“我们得自由信仰宗教”。❶ 在此基础上，杨贤江也进一步指出，这些自由权利均在法律范围之内有效，若我们的行动干涉或侵犯他人的合法权利，则要受到法律的制裁。二是平等权。杨贤江指出，平等权可具体化为三种权利：（1）种族平等。即无论何种民族，只要是中国人，都享有同等权利。（2）男女平等。不论男女，在法律面前享有同等权利。（3）职业平等。无论从事何种职业，在法律上均享有平等权利。三是请求权。请求权也可分为五种权利：（1）请愿权。即“对于国家及地方有意见要发表时，可以向议会请愿”。（2）陈诉权。即“对于官吏违法、损害权利的行为，可以向行政官署及平政院陈诉”。（3）诉讼权。即“关于平民或刑事的案件，可以向法院起诉”。（4）选举权。包括选举权和被选举权。（5）从政权。即“做大总统及别种行政职员的权利”。❷ 从中我们不难发现，杨贤江涉及公民权利这一公民教育的核心问题，公民可以依法享有上述权利，并通过法律手段维护自身的合法权益。刘湛恩也在《公民与民治》中重点论及公民的生命权、财产权、名誉权、自由权和选举权。他指出：“个人对于国家有服从权力的义务，而国家对个人亦有保护他的生命、财产、名誉，及其他一切自由的责任。”❸ 生命权、财产权、名誉权、自由权都是公民依法享有的权利，应当受到国家和法律的保护，任何个人或组织不能以任何名义侵犯他人合法的人身自由权。其中，

---

❶ 杨贤江．新法公民教科书［M］//任钟印．杨贤江全集：第6卷．郑州：河南教育出版社，1995：798．

❷ 杨贤江．新法公民教科书［M］//任钟印．杨贤江全集：第6卷．郑州：河南教育出版社，1995：798．

❸ 刘湛恩．公民与民治［M］．上海：青年协会书局，1926：21．

需要特别指出的是，关于选举，刘湛恩根据《中华民国临时约法》之规定，对国会议员选举资格的基本条件做了肯定性的引述。如：“我们中国的选举制度是采用限制选举（的形式），所以我国国会议员选举法上，关于选民的资格有下列几种规定。(1) 年龄。二十一岁以上。(2) 国籍。中华民国国籍的人民。(3) 居住的年限。须于编造选举人名册以前，在选举区内居住满二年以上者。(4) 身份及知识。下列各种人都没有选举权：(甲) 褫夺公权尚未复权者，(乙) 受破产之宣告确定后尚未撤销者，(丙) 疯癫或有痴疾者，(丁) 吸食鸦片者，(戊) 不识文字者。(5) 性别。中华民国之男子有选举权。(6) 财产。须有价值五百元以上之不动产，但蒙、藏、青海得以动产计算。(7) 纳税。年纳直接税二元以上者。”[1] 由于历史和时代的局限，刘湛恩对当时选举法规定的女子没有选举权，以及选民有知识、居住年限、财产、身份等方面的限制和要求，尚不能提出异议。此外，舒新城也着重强调了公民依法享有的基本政治权利。在他看来，公民应明确自身的政治权利，依法享有自由、请求、参政、选举等政治权利，这是公民构成的核心要素。其中，自由权是公民依法享有的基本政治权利，其内容包括人身自由、财产自由、言论自由、著作自由、信仰自由、集会自由、结社自由等。[2]

其二，民国时期教育界人士对公民权利的提倡并非仅限于引导国民养成公民权利意识，也在于引导国民如何在行为实践层面行使公民权利，注重把正确的公民权利认知转化为正确的公民行为；引导国民在了解公民权利的基础上，身体力行地参与国家政治事务和社会公共事业。正如刘湛恩在《公民与民治》中特别说明公民如何正确行使选举权问题：“选举是公民教育重要的事情，从积极方面讲，一要慎重，二要摆出眼光，选出实在能够办事，可以替公众谋幸福的人；从消极方面讲，一不要放弃，二不要舞弊，方才可以显出选举的真价值，凡是公民都应该明白的。”[3] 选举权作为公民的一项基本政治权利，既是公民参与政治的基本途径，也是国家民

[1] 刘湛恩．公民与民治［M］．上海：青年协会书局，1926：17－18．
[2] 张瑞璠，金一鸣．中国学术名著提要·教育卷［M］．上海：复旦大学出版社，1996：61．
[3] 刘湛恩．公民与民治［M］．上海：青年协会书局，1926：19．

主程度提高的重要标志。因此，国民应当慎重行使选举权，选出为公众谋福利的人，不可轻易弃权甚至徇私舞弊。公民权利的践行是公民权利观教育的关键内容，把公民依法享有哪些权利、如何依法享有权利等问题内化为公民的基本认知，再外化为正当的公民行为，进而通过公民民主参与促进公民的养成及提升民族国家的民主程度等。

事实上，公民依法享有权利的行为也就是公民民主参与的行为。在公民教育中强化公民权利观教育，不仅能够扩大公民的民主参与，提升公民意识，更重要的是能够提高民族国家的民主法治程度，促进民族国家的现代化发展进程。

### （二）公民义务

“义务与权利对待者也。人人生而有应得之权利，即人人生而有应尽之义务，二者其量适相均。”[1] 公民义务，与公民权利相辅相成，相伴相生，也是公民意识教育中的核心内容之一。在国家、社会及团体机构中，国民依法享有公民权利的同时，必须履行相应的义务。在民国时期教育界中，关注公民义务观教育的典型人物有杨贤江、刘湛恩、舒新城。

杨贤江指出，公民权利和公民义务是并行的，公民在依法享有公民权利的同时，必须自觉履行公民义务。按照《中华民国临时约法》规定，公民义务有以下四种：一是纳税。依法纳税是连接公民与国家的纽带，公民通过向国家缴纳一定税收支持国家发展；反之，国家利用税款保护公民生命财产，提高公民的生活水平。二是服兵役。服兵役是公民职责的重要体现。如杨贤江所言：“人民既有捍卫国家的义务，就有当兵的天职。”[2] 为抵御外敌、维护国家的和平稳定，公民应当提高自身服兵役的神圣感和自觉性。三是受教育。杨贤江指出：“一个国家的国民，如果大多数没有受过教育，这个国家一定不能有十分的进步。”[3] 教育是国家发展与公民进步

---

[1] 梁启超. 新民说［M］. 桂林：广西师范大学出版社，2012：72.

[2] 杨贤江. 新法公民教科书［M］//任钟印. 杨贤江全集：第6卷. 郑州：河南教育出版社，1995：799.

[3] 杨贤江. 新法公民教科书［M］//任钟印. 杨贤江全集：第6卷. 郑州：河南教育出版社，1995：799.

的重要途径。通过教育，提高公民的科学文化素质和思想道德素质，促进国家的繁荣昌盛。四是守法。守法之所以成为公民的一项义务，杨贤江这样解释："国家定出许多法律，无非为保护人民的自由和安宁。如果有人不受法律，就会扰乱秩序，引起争乱，必致大家受着祸害。"❶ 遵守法律是保障公民合法权益和国家稳定发展的基本保障。

刘湛恩指出："关于人民对于国家的义务约有下列各种。(1) 纳税。(2) 当兵——在行征兵制的国家。(3) 教育子女。(4) 做证人。(5) 守法律，等等。"❷ 且指出，依法纳税是公民最重要的义务，是连接国家与公民的纽带。公民依法向国家履行纳税义务，相应地获得作为纳税人的合法权利。故依法纳税是个人成为公民的重要标志，也是国家稳定、社会发展的基本物质保障。国民绝不能以任何理由拒绝纳税，而应提高纳税的自觉性、积极性和主动性。此外，服兵役、受教育、守法、选举等作为公民义务的基本内容，也须国民恪尽职守，依法履行。

舒新城也重点谈及公民依法履行的基本政治义务。在他看来，公民不仅要依法享有自由、请求、参政、选举等政治权利，也依法履行纳税、服兵役、教育、守法等政治义务，这些基本的政治权利与义务是增进国民政治参与的主要途径，也是公民养成的重要因素。且进一步指出，公民的政治权利和公民的政治义务是密不可分的，公民在享有政治权利的同时必须履行政治义务。只有懂得行使和履行这些权利和义务的人，才能称之为国家的合格公民。❸

在民国时期教育界人士的公民意识教育视域中，公民义务相对于公民权利产生，公民既是权利主体，也是义务主体。教育界人士按照《中华民国临时约法》规定，列举了纳税、服兵役、教育和守法四项基本义务，重在引导国人在依法充分享有公民权利的同时也能够履行公民义务。公民权利观和公民义务观是民国时期公民教育的核心内容。一方面，公民教育通过培育公民权利观念，有利于养成国民的主体意识，引导国民确立作为国

---

❶ 杨贤江．新法公民教科书［M］//任钟印．杨贤江全集：第6卷．郑州：河南教育出版社，1995：799－800．

❷ 刘湛恩．公民与民治［M］．上海：青年协会书局，1926：24．

❸ 舒新城．新中学教科书初级公民课本：卷一［M］．上海：中华书局，1926：66．

家主权拥有者的角色，明确自身享有的基本权利，学会运用法律武器维护合法权益。另一方面，公民教育通过培养国民的公民义务观，正契合当时国家生存与发展的需要。内忧外患的中国社会亟须国民转变传统思想观念，以民族国家的公共利益为重，为实现民族复兴、国家独立服务。可以说，尽管当时的国民从整体上看接受现代教育少、文化程度低，接受一种西方的新思想、新观念要经历一段较长的历史时期，但是民国时期教育界人士对公民权利观和义务观的提倡与培育是出于一种社会责任和关怀，为当时的中国社会带来了一定的文化觉醒和思想启蒙。所以，我们且不论公民权利义务观在当时的普及程度和教育效果如何，但其提出便具有开创性的意义，代表着一种进步。

## 二、政治参与意识

在我国封建专制社会中，国民在政治上依附于君主，处于无权地位，没有参政议政的渠道，也缺乏参政议政的意识，国民的政治冷漠在我国传统封建社会成为一种客观存在。针对这一现实，民国时期教育界人士在公民教育中积极倡导参政意识，自由表达个人的政治意愿，充分享有基本的政治权利，培养国民参政议政的能力。正如杨贤江在《学生与政治》一文中开宗明义地指出："我是主张学生应该与闻政治的。"[1] 并认为如果一个青年学生对国事持冷淡态度，这是件"不幸的事情，而在民主国家，更是件可耻的事情"[2]。为此强调的至少有以下两方面：

### （一）引导民众关注参政权

在民国时期教育界人士的公民教育视域中，参政权是提高民众参政意识的权利保障。在这些教育人士看来，民众充分享有参政权是实现民权普遍的重要途径，在公民教育中应当注重引导民众关注和享有参政权，提高

---

[1] 中央教育科学研究所，厦门大学．杨贤江教育文集［M］．北京：教育科学出版社，1982：88.

[2] 马秋帆，熊明安．晏阳初教育论著选［M］．北京：人民出版社，1993：117.

他们的参政意识与参政能力。

舒新城在《新中学教科书初级公民课本》中提出，根据《中华民国临时约法》规定，中华民国的全体国民依法充分享有“任官考试之权”“选举和被选举之权”，它们是行使参与权利、提高民众参政意识的重要法律手段。首先，通过提升国民管理国家公共事务的素质与能力，依法享有任官的权利，能够承担国家的公共职务，避免徇私舞弊、以权谋私的违法行为出现。其次，国民具有选举他人任官或被他人选举做官的法律资格。在这里，国民在依法选举的过程中，务必要严谨负责，选出可以代表广大国民利益的公仆。代表要具有过硬的执政素质，能够代表广大国民的整体利益，全心全意为国家的公共事业服务，不拉帮结派、以权营私。舒新城进一步指出，在近代中国社会，男女在人格上是平等的，因而要充分尊重女子的参政资格，使其依法享有与男子平等的参政资格，这既是民主国家的重要体现，也是当时的大势所趋。

关于女子的参政权问题，杨贤江也有谈及。他赞成《中国妇女救国会大纲》中关于妇女参政权的规定。即“法律方面，主张选举权、参政权、承继权、行为权、亲属关系及夫妻关系均一律与男子平等……”[1] 在近代社会的公民教育中，应当注重培养女子的参政意识。这一观点的提出，从中国社会历史发展来看，是民权普遍的重要体现，具有重要的进步意义。

此外，熊子容也在《公民教育》中论及中国公民教育应当注重培育国民的参政意识，扩大民权，实现民权普遍化。他指出，中国公民教育应立足近代中国社会现实，以“三民主义”为指导，实现民族独立、民权普遍、民生发展。其中，在民权方面，提倡培养国民的政治参与意识[2]，希冀国民在政治参与和公共决策中逐步改变以往在封建专制社会中对国家政治事务漠不关心的态度，政治立场的缺失，不积极、不主动的政治行为和政治冷漠的现象，提升国民参与政治的自觉性与积极性。同时，也希冀在积极的政治参与中，伸张国民的个人权利和意愿，掌握基本的政治生活常识，养成基本的政治情感，树立坚定的政治信仰，培育正确的政治行为

[1] 马秋帆，熊明安．晏阳初教育论著选［M］．北京：人民出版社，1993：272.

[2] 熊子容．公民教育［M］．上海：商务印书馆，1933：84.

等，逐渐实现国民基本政治权利的普遍化。

### （二）鼓励民众热心地方事务

辛亥革命后，国家尚未实现统一，军阀割据，各自为政，地方自治的现象较为普遍。在当时，地方自治是国民参与政治、享有参政权的重要途径。关于如何界定“地方自治”？杨贤江这样解释：“在同一地方的人民结为团体，合力以谋公共的利益，就叫做地方自治。”[1] 地方自治主要由各地区的居民依法管理本地区的选举、教育、卫生、实业、工程、交通、慈善等公共事业，以促进本地区的政治、经济、社会的发展。关于地方自治在公民教育中的意义，舒新城指出，地方自治是公民生活的起点。他坚决反对地方居民对本地区公共事务不管不问、循规蹈矩的态度，主张要热心公事，尽职尽责于本地区的公共事务，这样才能保障地方公共事业的顺利开展，也利于促进民族国家的稳定与统一。关于在公民教育中如何践行地方自治以培育公民自治能力，促进公民养成，晏阳初在河北定县的地方自治中给出了答案。晏阳初在平民的公民教育中倡导“乡村自治”，且积极践行地方自治。为改变中国民众缺乏团结力、一盘散沙的局面，晏阳初主张国民“自读、自习、自救”，实施乡村自治，训练民众的自治能力。为此，他选定河北定县的总司屯、高头村、马家寨、杨家庄、程家庄等21个村，实验有组织、有纪律、有计划的乡村自治，选取当地德高望重、热心公益的村民担任自治组织的主要负责人，希冀将上述21个村庄建设成为整个定县的示范村。其具体步骤和工作主要有：一是设立由“乡镇建设委员会”“公民服务团”“公民大会”共同构成的乡镇建设委员会筹备处，进行公民培训，协助选民登记，改进学校，训练合作、保健等。二是成立公民训练班，招收16岁以上的男女青年，运用“大队制”的组织形式，实施农民自卫训练，开展自卫训练、农村建设概说、政治、经济、教育、保健等常识研究，以及工作讨论、唱歌及活动。三是成立公民服务团。该组织主要由“现役团员”“预备团员”“后备团员”三种人员构成，以保甲为单位，

[1] 杨贤江．新法公民教科书［M］//任钟印．杨贤江全集：第6卷．郑州：河南教育出版社，1995：800.

每个保甲都有固定的人员安排，主要承担该地区的政治、经济、教育、保健等服务工作。[1] 此外，也在各自治乡村成立公民服务训练班，选择在小学或平民学校毕业的又有领导才能的人，给予他们政治方面、军事方面、建设技术方面的练习，培养他们的实用技能，为公民服务团提供和输送领导人才。通过乡村自治，在促进中国乡村建设与发展的同时培育民众的公共觉悟、团体意识和服务精神。

除上述提高民众的政治参与意识的方法外，也有公民教育人士主张实施政治教育。杨贤江倡导在学校公民教育中对青年实施政治教育，如开展时事形势教育、近代史教育、爱国主义和人民民主教育、社会主义和共产主义教育、政治品质教育等，以期培育青年学生的政治参与意识。第一，时事形势教育，注重传授中国的社会现状、世界被压迫民族的活动状况、我国国民运动情形等，使青年学生看清中华民族生死存亡的时代命运，认识到作为时代青年肩上应负的时代任务。第二，近代史教育，重在分析我国社会紊乱、生活困难的原因及国内军阀猖獗、帝国主义侵略、外交失败等实况，了解中国在世界发展潮流中的落后地位，使人们深刻意识到寻求拯救近代民族危难、革新中国社会的良方，其历史性地落在青年身上。第三，爱国主义和人民民主的教育，引导学生确立“保持中华民族独立”“实现民主政治”的社会理想，认清民主政治的敌人是“国内军阀和国际帝国主义”，并指导青年救国问题，使青年认清阻碍国家和平统一的斗争对象。第四，社会主义、共产主义教育，提倡社会主义和共产主义理论。在杨贤江看来，社会主义、共产主义理论可作为解决近代民族危机、革新近代中国社会的进步理论，号召中国青年群体学习社会主义和共产主义理论，树立社会主义和共产主义信仰。第五，政治品质教育。新时代的青年在政治上要有“反抗强暴，歼除恶人的魄力”“尊重老幼，为平民献身的精神”“富贵不能淫，贫贱不能移，威武不能屈的气节”，而且要“团结抵抗，走民族革命的路”，[2] 以期实现民族独立。

---

[1] 宋恩荣．晏阳初卷［M］．北京：中国人民大学出版社，2013：185－186.

[2] 杨贤江教育思想研究会．杨贤江纪念集［M］．上海：商务印书馆，1985：117.

## 三、民主法治观

在中国传统社会中，宗法与专制的结合，在政治上表现为儒法合流，在文化上则反映为伦理政治化和政治伦理化，用政治伦理秩序代替法律秩序，政治大于法律，伦理也大于法律，因而法治观念在中国古代难以立足。

民国成立后，一些教育界人士的民主法治观念逐渐觉醒，愈来愈在某种程度上不去迷信人治，也不愿接受人力统治一切，而倡导法治作为治理国家、保障民主的重要手段。刘湛恩在《公民与民治》中，论及法治在近代中国社会的重要意义。法治，区别于人治，不依靠君主来裁决一切，而是通过法律保障广大人民的根本利益，对公民的违法行为具有约束和控制作用。因此，法治是国家民主、社会稳定、人民生活安宁的重要保证。在国家治理上，法治则是运用法律来衡量和评判一切，避免人治带来专制，利于民主原则的实现。在社会团体中，任何社会团体都要有一种规则作为评判是非、约束行为的凭证。注重组织中的规章、制度及法则，避免循顾私情、公行贿赂，也是团体得以顺利开展工作的基本保证。在学校生活中，学生要遵守校规校纪，才能更好地生活在集体中；在家庭生活中，也离不开家庭伦理，如父慈子孝、夫妻和睦、兄弟友爱等。他又进一步分析，法治精神的缺乏是导致民国时期军阀混战的主要原因之一。即“盖自民国成立十余年来，国中大权可以说是完全被少数军阀所把持，而人民也大多取放弃主义，不能实行其监督之权……所以十余年来，以暴易暴，国家从无一日之安宁。这可说都是没有实行法治精神的缘故”❶。在刘湛恩看来，国家实行法治是保障民权不为少数独裁者把持的重要举措，国家要实现稳定团结、民生发展，就要运用法律的手段惩罚剥夺人民权利、侵害人民利益的行为，维护广大人民的合法权益。因此，为保障民主政权、实现民权普遍，既要依靠法律治理国家，也要通过公民教育培养国民的法治观念。

---

❶ 刘湛恩. 公民与民治［M］. 上海：青年协会书局，1926：8－9.

为实现民权普遍，熊子容也积极提倡培育国民的法治观。他在《公民教育》中，把中国公民教育的目标从道德、职业、政治、人文、宗教五个方面做了具体规定。其中，在政治方面，他主张国民“要有‘三民主义’的信仰与知识，运用五权宪法的知识与技能”❶，学会懂法、学法、用法，实现普遍民权。再如，杨贤江也从学校公民教育着手，提倡学校对学生开展法治观念教育，培养学生的民主法治观。他在《新法公民教科书》中指出，法律是保障人民生活安宁、维护公共秩序、促进社会稳定发展的重要工具❷，法律在一个国家的普及程度是该国家文明发展程度的重要标志。因而，在公民教育中要实施法治观教育，引导国人坚决遵守国家宪法和法律的义务，要学法用法、依法办事，运用法律武器维护正当权益。

民主法治是现代社会文明的重要标志。法治，区别于人治，是传统封建社会向现代文明社会转型的重要标志。为摆脱在我国传统封建君主专制社会中的人治观念、进一步巩固民主共和制度，民国时期教育界人士提倡培育国民的民主法治观，使之认识到法治观念在公民个人发展与民族国家发展中的重要意义，掌握宪法及其他法律常识，学会运用法律规范行为及维护自身的合法权益等，提高国民的文明程度。

## 四、民族国家观

梁启超在《新民说》中，强烈呼吁培育我国国民的国家观念。他认为：“西国国民其爱国心之性，随处发现，不教而自能，不约而自同。我中国则不然，四万万同胞自数千年来，同处一小天下之中，未尝与平等之国相遇，盖视吾国之外，无他国焉，其不知爱国者，自不知其为国也。”❸中国地大物博、平原辽阔的地理环境在一定程度上导致国民对世界大势茫然不知，妄自尊大，视国家为天下。除了他分析的地理环境外，中国传统的“家国同构”社会组织结构也导致中国人的家族观念远远强于国家观

❶ 熊子容. 公民教育［M］. 上海：商务印书馆，1933：96.

❷ 杨贤江. 新法公民教科书［M］//任钟印. 杨贤江全集：第6卷. 郑州：河南教育出版社，1995：794.

❸ 梁启超. 饮冰室合集·文集六［M］. 北京：中华书局出版社，1989：62.

念。古代中国的社会经济一直是商品经济不发达的小农经济占主导，所以与小农经济生产方式相联系的家族制度也深深地根植于数千年中国社会结构之中，使国家结构打上了家族结构的印记，家与国的组织系统与权力配置都是严格的家长制。因而中国的社会组织以家族为单位，讲究先齐家后治国，家族观念强于国家观念。

从中国历史发展进程看，国人淡薄的国家观念一直延续到鸦片战争前。自1840年鸦片战争以来，中国人在与西方国家的较量中开始睁眼看世界，破天荒地发现了西方国家的发达与强盛，打破了之前的“天朝上国”的认识，发现之前认为的至善至美的中国传统文化也存在着诸多不足。除此之外，由于西方殖民主义势力的强压与侵略，中国逐步沦为半殖民地半封建社会，小农经济和家庭手工业相结合的封建经济遭到破坏，建立在该经济基础上的封建专制制度也随之发生动摇。封建经济基础与专制制度的动摇，促使先进的中国人开始反思中国以家庭为单位的传统中国社会组织结构所产生的负面影响。

民国时期教育界人士大多将培养国民的民族国家观作为公民教育的重要内容。其中，刘湛恩、晏阳初侧重从具体的公民实践中践行培育国民的民族国家观。刘湛恩在《公民与民治》中指出，中国人自古缺乏国家观念。在大多数国民的思想观念中，国家的兴亡盛衰与自身无关，任其自然发展。因而刘湛恩在上海中华基督教青年会全国协会任职期间，把“公民的国家”作为公民研究团的主要研究问题，引导国民“监督政府”“关心政体组织的改善”“关心国家大事”“留心国家政府官员的任用”“讨论国家政治问题”“成立政治活动机关”等，激发民众的爱国热忱，且注重实施爱国运动训练，号召采取“建设的、积极的、乐观的、负责的、团结的、实行的、持久的、始终如一的、知行合一的、大公无我的”爱国运动态度，派任公民宣讲团的青年学子赴内地宣传公民常识，讲述爱国故事、说书、新剧、幻术、音乐等，且随带国旗、中华民国地图以唤起民众的爱国意识，鼓励民众积极参加爱国运动，关注国内外时事，培养国民广义的、建设的、纯正的爱国心。晏阳初在平民的公民教育工作中，也尤为注重培养民众的爱国意识。为此，河北定县平民的公民教育工作中利用无线电广播，宣传国内外重大时事新闻，唤起民众关心国事。此外，在公民教育中也注重榜样教育的作用。通过选取我国历史上著名的仁人志士，编写教材、传记、文学作品，组织绘画、演讲，宣传可歌可泣的人物事迹，激发国民的爱国情感。[1]

除了在公民教育实践中培育国民的民族国家观，也有一些教育界人士在学校公民教育中提倡培养学生的民族国家观。如：舒新城在《新中学教科书初级公民课本》中，揭示出中学生在民族国家发展中的重要地位，因而引导中学生树立国家观念成为中学公民教育的一项重要内容。在中学生的公民教育中，要引导中学生了解国家的起源及其组织构成和运作体系，掌握基本的政治常识，且引导他们正确认识公民个人与民族国家间的依存关系，要善待自己的国家，维护国家稳定与发展，也要善待世界上其他国家，谋求全人类的和平与幸福。熊子容在《公民教育》中提出，中国的公民教育应当以“三民主义”为指导思想，要实现民权普遍、民生发展、民族独立。其中，在民权方面，熊子容主张培育国民的爱国情感，掌握国家主权，以国事为己任，争取民族独立，实现国家复兴强盛。再如，杨贤江在《新法公民教科书》中，专设“我们的国家”一节内容，向小学生阐述国家的产生、国家的组织构成及“民国”称谓的产生缘由等基本的政治常识，以此引导小学生初步认识自身同国家间的关系，使之具有国家观念。

民国时期教育界人士通过实地演讲、服务活动、宣传教育等形式的公民教育培育广大国民的民族国家观，使之深入了解民族历史、现行的国家组织构成及公民的基本政治权利等，且能逐渐改变对国事不管不问、听之任之的冷淡态度，善于将强烈的民族情感转化为有效的爱国行动，积极参与理性的爱国运动，逐步培育国民的爱国意识、民族精神。

## 第三节　以国家利益为核心的民国时期公民意识教育的特点

19 世纪中叶以来，中国社会在外力的冲击下进入了全面变动的历史阶

---

[1] 马秋帆，熊明安. 晏阳初教育论著选［M］. 北京：人民出版社，1993：92.

段，社会结构、经济形势、政治制度都在发生着前所未有的变动，传统价值体系遭受到史无前例的挑战。鸦片战争后，一方面，我们面临着救亡图存、变法改制的制度性要求；另一方面，我国传统的价值理念与西方现代民主思想随着西方殖民主义的入侵而发生激烈碰撞，公民意识便在西学东渐的历程中由当时先进的知识分子引入并在中国逐渐传播。公民意识与中国传统的臣民意识、奴化思想截然相反，它意味着一种崭新的公民观念的诞生，其在中国社会的出现已经冲破了传统价值观念的藩篱，开始渗入民众的意识。

## 一、批判奴化的国民性

民国时期的公民意识主要是针对国民在长期的封建传统社会中所形成的臣民意识、奴化思想而提出的，旨在提倡个人的独立精神、主体意识、权利观念等，培育具有主体性人格的新型国民。梁启超在《新民说》的“论自由”一节中提出：“独至心中之奴隶，其成立也，非由他力之所得加；其解脱也，亦非由他力之所得助。如蚕在茧，着着自缚；如膏在釜，日日自煎。若有欲求真自由者乎，其必自除心中之奴隶始。”[1] 欲养成公民的自由观念，必先根除心中“如蚕在茧，着着自缚；如膏在釜，日日自煎”的奴化意识。

在传统的封建社会，以宗法色彩浓厚和君主专制制度高度发达为主要特征的中国传统社会政治结构，及其在该政治结构基础上形成的具有“三纲五常”的伦理说教、“存天理灭人欲”的修身养性等负面价值的传统文化，将个人束缚在宗法关系网包围中，个人隶属于“君主”“父亲”“夫君”，这种关系网在封建自然经济条件下能够维护社会的稳定、国家的统治。但也正是这种关系网的存在，湮灭了个人，压抑人的个性，将人视为奴隶，个人失去主体性和独立人格，否定人的自我存在意义和价值，进而形塑了国民的臣民意识和奴化思想。在这种奴化思想下，讲究“非礼勿

[1] 梁启超．新民说［M］．桂林：广西师范大学出版社，2012：33.

视，非礼勿听，非礼勿言，非礼勿动”[1]，用“礼”规范和指导自己的思想和行为，缺乏自主意识；讲究“事君以忠”[2]，在家尽孝、侍奉夫君等，等级观念严重；人的主体性地位、自我意识、个人权利义务观念的萌生都在不断被侵蚀，国民思想懒惰、精神萎靡，既无斗志、不思进取，也无对社会、国家的责任意识。

民国时期教育界人士对公民意识教育的引入与传播，是在中华民族亡国灭种的危难关头，给国人打了一针强心剂，是一种民族的自觉反思和觉醒。他们希冀通过公民意识教育，批判反思国民的臣民意识、奴化思想，肯定人的自主性权利义务观，唤起国人的自觉，使从人格依附的臣民转变为个性独立的国民，使其具有国家观念、对国家归属感的认同；使其具有权利义务观念，能够充分享有各项自由权利，也认真履行各项公民义务；使其具有现代法律意识和精神，知法、守法、用法，学会运用法律武器维护自身权利，摆脱传统人治的思想阴影。

## 二、国家利益至上

清末民初，社会的政治体制、经济制度、社会结构与思想观念慢慢发生着变化。城市的出现、新式学堂的兴起、新的知识分子的产生，这一切开启了中国社会从技术救国到制度救国、思想救国的发展道路。这些为公民意识的出现提供了社会物质条件和思想基础，也赋予了公民意识教育所承担的历史责任——拯救民族的危亡，实现国家的复兴强盛。

从内涵上看，民国时期公民意识主要包含两个层面。一是公民层面。公民意识教育主要针对在封建人治思想下形成依附性国民人格，充分肯定个人的自我意义与价值，养成具有独立性人格、权利义务观的公民。二是国家层面。公民意识教育主要针对在传统封建社会中形成的王权观念，注重培养国民坚定的国家归属感与自信心，养成国民强烈的民族意识与国家观念，使其深刻认识到民族国家在公民成长与发展中的重要意义。

---

[1] 论语［M］. 张燕婴，译. 北京：中华书局，2006：171.

[2] 论语［M］. 张燕婴，译. 北京：中华书局，2006：34.

通观民国时期公民意识教育，较之公民层面的公民意识培养，更为注重培养国家层面的公民意识，这一特征由近代中国社会背景所决定。在近代中国社会，拯救中华民族生死存亡的时代任务摆在中国人的面前，因此，该时期的公民意识教育侧重引导国民树立国家观念，使之深刻认识个人对于民族国家的存在意义与价值，敢于为实现民族国家利益奉献自己，成为对民族国家生存与发展有价值的存在，为实现民族独立、国家复兴培养合格的国民。正如梁启超在《新民说》中所呼吁："国之有民，犹身之有四肢、五脏、筋脉、血轮也。未有四肢已断，五脏已瘵，筋脉已伤，血轮已涸，而身犹能存者；则亦未有其民愚怯弱，涣散混浊，而国犹能立者……欲其国之安富尊荣，则新民之道不可不讲。"[1] 个人之于国家，犹如四肢、五脏、筋脉、血轮之于身体，国民对于民族国家意义重大，国家也为国民提供无限的发展空间和施展才华的平台，因而，国民应当将个人发展同民族国家的需要紧密结合，在实现民族国家复兴强盛的征程中放飞人生梦想。

[1] 梁启超. 新民说［M］. 桂林：广西师范大学出版社，2012：1.

# 第四章 以家庭、学校、社会组织为中心的民国时期公民训练

在民国时期教育界人士公民教育视域中，公民训练是公民教育中必不可少的重要手段之一。其主要依托家庭、学校、社会组织等主要领域。家庭是公民接触到的最初场所，因而家庭公民训练在公民教育中有着基础性作用；学校是实施公民训练的主要阵地，对公民实施系统、全面、有计划的公民训练；社会公民训练是学校公民训练的延续，因公民在社会生活中的时间较长，故对养成公民素质的影响也较深远。注重区分家庭、学校、社会组织的教育特色、侧重点与差异，发挥家庭、学校、社会组织在公民不同成长时期的教育作用，也注重整合家庭、学校、社会组织的公民教育合力，多管齐下，培育现代公民。

## 第一节 民国时期家庭公民训练

家庭训练在民国时期教育界人士的公民教育视域中有着基础性作用，旨在从最初的家庭教育中培育公民的良好德性品质，为学校的公民训练、社会的公民训练奠定良好的基础。正如龚启昌所说，“家庭是儿童出生后投入的第一个社会，是一个养护儿童亦是教育儿童的一个重要机构。”[1] 家庭的公民训练作为公民教育的起点，与学校的公民训练、社会的公民训练在民国时期公民教育中构成了“三位一体”的公民训练体系。

---

[1] 龚启昌. 公民教育学［M］. 南京：中正书局，1947：181.

## 一、家庭在公民训练中的基础性意义

我国有重视家族教育的历史传统。如《三字经》中讲，“养不教，父之过。”《增广贤文》中讲，“须知孺子可教，勿谓童子何知；富若不教子，钱谷必消亡、贵若不教子，衣冠受不长；训子须从胎教始，端蒙必自小学初。”《家诫要言》也讲人品须从小做起，权宜苟且诡随之意多，则一生人品坏矣等，均体现出家庭教育在人一生当中的首要性和重要性。民国时期公民教育注重家庭的公民训练，既切合广大民众的心理，也是继承民族传统的体现。家庭是公民出生以后接触到的第一个重要教育环境，在公民教育中发挥着基础性作用。正如熊子容所指出的：“家庭的环境，可以视为个性第一步定性。”[1] 家庭公民训练常以“润物细无声”“潜移默化”的方式塑造着公民最初的习性、意志、情感和品质。

家庭的公民训练对公民具有基础性和深刻性的影响。如书香之家出文人、将门之家出将子等之类，均揭示出家庭对公民成长与发展的重要影响。家庭公民训练之所以对公民产生基础性影响主要源于两方面因素：一是公民最先接受家庭的引导与教育，因而家庭成员的思想观念、行为表现、受教育程度直接影响着公民，往往以第一任教师的角色承担着培育公民基本道德素质的职责；二是在公民幼年时期，家长是绝对权威，也是公民最信任、最依赖的主要对象，因而公民往往以自己的父母作为生活的榜样，父母的殷切期盼成为公民的奋斗源泉。总之，家庭是公民自出生后接触到的第一个社会团体，家庭关系也是最初的社会关系。因此，家庭是实施公民训练的起点，在公民训练中发挥着基础作用，甚至影响公民一生的价值追求和选择。

## 二、在家庭生活中培育公民良好的个性品质

在民国时期教育界，龚启昌、刘湛恩、杨贤江、晏阳初、舒新城等较

[1] 熊子容. 公民教育［M］. 上海：商务印书馆，1933：25.

注重家庭公民训练在公民教育中的基础作用。他们关于家庭公民训练的思想总结为下列四个主要观点：

一是重视家长的言传身教。在家庭中，家长是儿童的首任教师，家长的言行举止会在很大程度上对儿童形成潜移默化的影响。基于此，民国时期教育界人士也在很大程度上重视家长的言行在公民训练中的奠基作用。如，晏阳初在开展平民的公民教育工作中，十分重视家庭教育，且主张学校教育应与家庭教育相互配合。在他看来，“家庭是造人的基本工厂，要想制造有学问、有道德的好人，须看家长是否是有学问、有道德的好人”❶家庭与公民发展的关系最密切，其影响也最深远。因此，晏阳初也积极提倡家长接受公民教育，养成良好的习惯和道德，进而对公民在道德品行上产生积极影响。

二是注重公民在家庭教育中养成良好的个性品质。如，在龚启昌看来，家庭生活中的公民训练主要包括“基本礼貌、两性道德、宗教信仰、良好群性、勤劳习惯”五项训练，且注重“暗示胜于命令”“奖励胜于责罚”“身教胜于言教”“肯定胜于迁就”“仁慈胜于严俊”的教育原则❷，善于从家庭日常生活中积极启发、引导、教育子女，培育良好的个性品质。刘湛恩也指出，家庭生活是社会生活的基础，家庭生活的良好与否与社会有密切关系。在家庭公民训练中，注重培养国民的“服从心”“亲爱心”“责任心”❸，构建和谐的家庭关系。

三是着重建立平等的家庭关系。如舒新城提倡要建立男女平等的新型家庭关系，反对“夫为妻纲”“男尊女卑”的封建家庭伦理关系。这是平等观念在处理家庭关系上的体现，具有历史进步意义。家庭生活中的夫妻双方在人格上是平等的，没有高低贵贱之分，夫妻应当相互扶持，彼此相爱，共筑幸福家庭。在家庭生活中，父母要引导子女树立主体意识，培养独立人格，尊重子女的意愿和选择。尤其是在对待婚姻问题上，父母与子女间要相互尊重、平等协商，摒弃传统封建社会父母包办婚姻，鼓励青年

❶ 马秋帆，熊明安．晏阳初教育论著选［M］．北京：人民出版社，1993：36.

❷ 龚启昌．公民教育学［M］．南京：中正书局，1947：182－187.

❸ 上海理工大学档案馆．刘湛恩文集［M］．上海：上海交通大学出版社，2011：52.

男女恋爱自由，避免造成家庭悲剧。杨贤江在《新法公民教科书》中提到了家庭生活中需要注意的两点关系：一是父母与子女间的关系；二是兄弟姐妹之间的关系。他认为，父母要承担抚养与教育子女的义务，培养子女明辨是非的意识，提高明辨是非的能力；兄弟姐妹间也要在父母的关爱下，遵守家庭秩序，相亲相爱。总之，家庭的公民训练，要引导公民尊敬长辈，互爱平辈，维护家庭和谐，在家庭生活中培养善良的性格、高尚的品质、良好的习惯，构建平等友爱的家庭伦理关系。

四是主张小家庭模式，以利于家庭和谐。舒新城鼓励建立小家庭的模式，其优势在于养成“独立的生活能力”“生活技能”“进取精神”“和乐家庭”“吃苦耐劳和储蓄能力”❶。在小家庭模式中，每一位家庭成员均应当扮演好各自的家庭角色，肩负家庭责任。如夫妻间要相互平等、彼此扶持，共同维系家庭幸福；父母要尊重子女，承担抚养与教育义务；子女应关爱父母，承担赡养义务。

## 第二节　民国时期学校公民训练

学校，相较于家庭、社会，是有组织、有计划的系统教育场所。注重学校的公民训练，对培养青年学生的公民素质具有关键意义。如龚启昌在《公民教育学》中分析了学校相比较于家庭、社会在公民训练上具有三方面的优势：一是学校是有组织、有计划的教书育人的主要场所；二是学校有特定的校园环境和文化氛围；三是学生在学校可接受集中的、有效的学习与训练，可以反复尝试，也可有纠正措施的机会，以至最终达到预期的学习效果。❷可见，学校相较于家庭与社会，是较为集中、系统、全面的公民训练场所，可在一定时间内集中对学生实施有计划、有组织的公民训练，以达到预定的教育目标。

---

❶ 舒新城．新中学教科书初级公民课本：卷一［M］．上海：中华书局，1926：16．

❷ 龚启昌．公民教育学［M］．南京：中正书局，1947：203．

## 一、课内与课外公民训练相互配合

在民国时期的学校公民训练中，教育界人士既注重课内的公民训练，也强调课外的公民训练，主张两者相互配合，提高学校公民训练的实际效果。

关于课内的公民训练，袁公为将其划分为三种主要的教学法，主要有教训式的公民教学法、问题式的公民教学法和设计式的公民教学法。[1] 教训式的公民教学法是较普遍采用的常规教育方法。该方法借助课本，或学生直接自主阅读，或教育者讲解公民知识，易于实际操作但灵活性较差，较适合于16岁以上、抽象思维发展较全面的学生，因而它处于上述三种教学法中的较次要地位，可作为设计式教学法和问题式教学法的补充方法，贯穿于设计式教学法与问题式教学法过程中，重在讲述公民基本常识。问题式的公民教学法，通常由教育者根据教育目标要求、学生的思想特点和知识水平，提出在实际生活中关乎道德、政治、经济、社会等方面的公民问题，试图让学生运用所学公民常识做以解答，教育者从中观察学生对公民常识的掌握程度，并针对学生的解答进行总结和提高。该方法一方面，能够增长学生的公民常识；另一方面，激发学生的问题意识，培养他们发现、分析和解决公民问题的实践能力。设计式的公民教学法是一种较为灵活、有趣的教学方法。它强调师生的共同参与，如组织服务、表演、访谈等，注重在实际活动中发挥学生的积极性、主动性和创造性，提高学生的公民意识、公民情感和公民能力。

袁公为也强调，公民教育“必须利用课外活动，以补充正课之不足，然后始能实现其理想之目的”[2]。因此，在公民科教学中，除了课内的公民教学外，学校也要注重课外活动中公民行为的培养，提高学生解决实际问题的能力。其主张的课外公民训练主要内容有“公民社会关系的训练”“青年天性的适应”“社会化的训练”“领袖的训练”“改进训育与学校的

---

[1] 袁公为. 公民教育概论［M］. 贵阳；文通书局，1942：146－149

[2] 袁公为. 公民教育概论［M］. 贵阳：文通书局，1942：167.

精神”“社会合作的训练”“团体生活的实际训练”“民主公民的训练”“娱乐与审美训练”“道德生活的训练”“健康的增进”“兴趣的满足”❶，注重从真实的生活情境、共同合作中培养学生的健康身心、民主思想、社会经验、公民行为等，侧重运用课内所学的公民知识解决课外公民训练中所遇到的实际问题，将理论学习与解决实际问题相互结合，加强学校公民训练的实效性。

龚启昌在公民教学中也积极提倡在课内教学以外，多挖掘课外的教育资源。如他提出，除了常规的课内公民科教学之外，“学校仪式”“班级组织”“学生自治会”“社交生活”“文化生活”“经济生活”“童子军训练”“社会服务及义务劳动”“纪念日与节日”“参观与旅行”❷ 等课外活动及组织也发挥着养成公民素质的作用，是学校公民训练中不可或缺的重要构成。在学校仪式中，升国旗仪式、开学及毕业典礼、师生礼节均可培养学生的爱国意识、敬业乐业观念、团结意识，提升学生的思想道德修养；在班级组织中，创办书刊、班级球队、编辑板报等集体活动增强学生的团体意识和公共精神，是实施公民训练的绝好机会；在学生自治会中，学校将部分的管理权转让给学生，教师处于主导地位，引导学生发挥自身的积极主动性，学会自我管理，旨在养成民主国家的合格公民；在社交生活中，利用交友、娱乐、共事等锻炼学生在公共场合应有的仪态和举止；在文化生活中，演讲、辩论、音乐喜剧表演、出版刊物等活动均可以在不同程度上培养国民的公民品质；在经济生活中，帮助灾区朋友渡难关、养成节俭的生活习惯等都可培养学生的互助合作精神和节俭的品质；在童子军训练中，注重儿童德性的实践、有组织的生活训练、初步的军事训练等都可作为实施儿童公民教育的重要内容；在社会实践服务中，对培养学生的服务意识、公共观念、责任意识具有重要价值。

熊子容在《公民教育》中详细介绍了民国时期学校已通行的七种公民教育方法，即纪律训练方法、历史中心方法、公民教科方法、社会服务的

---

❶ 袁公为．公民教育概论［M］．贵阳：文通书局，1942：169．

❷ 龚启昌．公民教育学［M］．南京：中正书局，1947：204－218．

设计方法、表演设计、诵读设计、问题的方法。[1] 其中，历史中心方法、公民教科方法、问题方法较侧重课内的公民知识教学，而纪律训练方法、社会服务设计、表演设计、诵读设计较偏重课外的公民行为培养。即也相当注重课内公民训练和课外公民训练相结合。在纪律训练中，注重发挥教师的主导作用，善于引导学生在团体生活中养成互助合作能力；在社会服务设计中，利用课余时间组织社会调查、清扫运动、童子军运动、慰问访谈等，培养学生的服务意识和公共精神；在表演设计中，通过文艺演出，获得更多接触社会的机会，锻炼公民行为；在诵读设计中，教师提供公民价值与理想的书目，供学生阅读，侧重公民知识训练。该七种公民教育方法坚持理论联系实际的原则，融合课内公民科教学与课外公民训练，既注重在日常的公民科教学中积累公民常识，也重视在课外公民实践中培养公民行为能力。

民国时期教育界人士视域中的学校公民训练，并非局限在课内的公民训练，也最大限度地挖掘课程以外形式多样的公民训练，注重把课内公民科课堂教学与课外的公民训练资源相结合，整合两者的公民训练效力。总结起来，这些教育人士视域中的学校公民训练呈现三个主要特点：一是注重理论联系实际，把公民基本理论运用于实际的社会问题的分析与解决中，深入学习公民基本理论的同时，更为注重深化学生对公民理论知识的理解与运用，提高公民解决实际问题的能力。二是鼓励公民身体力行于各种社会服务、演讲发表、组织表演、社会调查、校园仪式中，使其在社会服务、发表演讲、组织表演、社会调查、校园仪式等具体的社会实践活动中体悟社会现实，提升公民情感，锻炼公民行为能力。三是无论课内的公民训练，还是课外的公民训练，均注重对学生实施启发式、探究式、设计型的公民训练，注重公民科教师的主导性和学生的主体性，引导学生关注社会现实，挖掘学生的内在潜力，激发学生的问题意识，提高学生发现、分析、解决公民问题的能力。

---

[1] 熊子容. 公民教育［M］. 上海：商务印书馆，1933：44－47.

## 二、注重发挥与公民科相关学科的教育作用

在民国时期教育界人士关于学校公民训练的视域中，学校的公民训练并非局限于公民科教学，而是除了公民科之外，也注重发挥学校其他社会学科的公民教育作用。

熊子容在《公民教育》中列举了五种学校公民课程方法，主要有“公民道德直接训练方式”“行业代表的公民研究”“活动历程的公民研究”“各科混合的公民研究”“相关学科的公民研究”。[1] 其中，“相关学科的公民研究”指的是充分利用语文、地理、历史等与公民科相关学科的学校课程，施以公民的知识训练与道德训练。如，语文学科中的名人逸事，可激发学生公民道德、养成学生公民行为，或者语文学科中的唐诗、宋词、元曲、明小说等中华民族传统优秀文化可激发学生的爱国热情；在地理学科中感受国家地域辽阔，了解风土人情，易于形成国家认同；在历史学科中感悟仁人志士的英雄主义精神，可提升民族自豪感等。总之，综合运用这些相关学科营造校园公民教育环境，提高学校公民教育合力。

龚启昌在探讨公民教育可资借鉴的民族文化时，提出语言、文字、文学、美术、历史、地理是传承民族历史的重要依托，也是传递民族思想与情感的主要工具。这些民族文化，可提升国人对民族历史与文化的认知，激发国人的爱国情感和民族情怀，提高国人明辨是非的能力。如他指出，“语言、文字、文学、美术、历史、地理六种资源，在学校里面都是设立专科教学的，公民教育必须凭借这些资源，以使后代国民了解前代的文化，而从启发其爱国家爱民族的意识。倘若公民教育不能运用这些资源，那么如何去发展人们的民族意识，将有无从着手之感。”[2] 一是语言与文字。了解一个民族，必先从其语言和文字入手。语言和文字是表达民族思想与情感的主要工具。了解一个民族的语言和文字，利于达成统一的民族意识，增强民族情感。二是文学与美术。增强民族思想与情感，还须从文

---

[1] 熊子容. 公民教育［M］. 上海：商务印书馆，1933：61.

[2] 龚启昌. 公民教育学［M］. 南京：中正书局，1947：104－105.

学和美术着手。文学与美术是一个民族思想与情感的结晶。了解本民族的文学与美术是公民不可缺少的涵养，也是增进民族情感、爱国情感的重要途径。三是历史与地理。了解一个民族生活变迁、文明进程是较重要的公民品格。从民族历史与地理中感受古代圣贤的人格魅力，从错综复杂的史实中明辨事理，从民族历史中扩大视野，从民族的历史文化中衍生爱国情感等，因而历史与地理是培养现代公民素质的重要资源。

袁公为也积极主张发挥学校社会科学与自然科学的公民教育作用。如他所说，“有计划的公民教育之实施，必须除公民学科外，其他各种学科，及一切课外活动，均应同时负起公民教育的职责。”❶ 一是历史学科。历史学为“公民教育之重要手段”，综合运用教训式教学法、问题式教学法、设计式教学法，通过研究“中国民族的演进，尤其是历史上的光荣及近代所受列强侵略的经过与原因”“中国文化演进的概况，特别是说明其对于世界上文化的贡献”“各国历史之概况，说明其文化之特点”“中外各时代文化之变迁，应特别说明现代政治制度的由来，及经济状况之由来”，❷ 注重培养学生的民族自豪感、责任意识、自强不息精神等。二是语文学科。语文学科是“最能尽其培养公民精神之职责者”，❸ 其中初级中学国文课程标准中关于“使学生从本国语言文字上，了解固有文化，及使学生从代表民族人物之传记及其作品中，唤起民族意识，并发扬民族精神”的规定和高级中学国文课程标准中关于“使学生能应用本国语言文字，深切了解固有文化，并增强其民族意识”的规定，皆能增进公民知识，训练公民行为。除此之外，袁公为还进一步设想，要充分发挥语言学的公民教育作用，可从下列四方面着手。如“引导学生多做课外阅读与发表”“国语要与生活打成一片”“国语教学应注重共同讨论、练习演说、表演戏剧”“教师言行的教育作用”。❹ 三是地理学科。在袁公为看来，高级中学的地理课程标准中的“使学生明了本国地理状况之区域性，及各区域间相互之关系，以养成其爱护国土之观念”“使学生明了总理实际计划，与国防及国

---

❶ 袁公为. 公民教育概论［M］. 贵阳：文通书局，1942：153－154.
❷ 袁公为. 公民教育概论［M］. 贵阳：文通书局，1942：155－156.
❸ 袁公为. 公民教育概论［M］. 贵阳：文通书局，1942：157.
❹ 袁公为. 公民教育概论［M］. 贵阳：文通书局，1942：158－160.

民经济建设之关系”“使学生明了外国地理状况之区域性，及形成现在国际间形势之地理背景”“使学生明了环境与人生之相互关系，以培养其利用自然之能力”等目标，无一不包含着强大的公民教育作用。此外，袁公为也对地理学科的公民教育提出了一些要求。如“采用问题教学法，令学生解决实际的地理问题”“指导学生课外阅读，以激发学生爱护国家的观念”“多利用照片、画片、标本、模型、图表等，使学生发生明确的地理观念”“采用访谈设计方法，多进行实际调查，培养学生爱护国土的观念”“国内外时事的分析，以明了其地理之背景”等。[1] 除了上述三门学科外，也注重发挥学校自然学科、劳动、音乐、图画、体育等的公民教育作用，拓展学校公民教育资源。

综上，学校的公民训练既要注重课内公民训练与课外公民训练相结合，也要在公民科教学方面注重挖掘学校其他相关社会学科的公民教育资源，如语言、文字、文学、美术、历史、地理等，从中掌握关于人与人之间的伦理的、社会的知识与技能，从中了解国家的历史、现状与未来，发挥这些社会科学为实现社会化、培育民族情怀与爱国热情，养成合格公民的积极作用。在这里，若要注重发挥学校其他社会科学的公民教育作用，一方面，要强调公民科教师的引导作用，引导学生关注民族的历史与发展，同时也要强调其他社会科学教师的引导作用，在课堂教学中有意识地灌输公民常识、启发学生对公民问题的关注与思考；另一方面，也重视学生的自主性和自觉性发挥，扩大阅读，提升自身对民族历史与文化的认知，从中感悟中华民族优秀传统文化的博大精深，在潜移默化中养成民族自豪感和使命感，从而认识到作为社会青年知识分子的民族使命与责任，提高自身的公民情感与境界。

## 三、中小学公民训练各有侧重

民国时期教育界人士根据《中小学课程标准纲要》的规定，结合学生的身心特点与认知差异，提出了中小学公民训练各有侧重的目标、原则、

[1] 袁公为. 公民教育概论［M］. 贵阳：文通书局，1942：162.

方法，体现了循序渐进、因材施教的教育理念与方法。

袁公为在《公民教育概论》中，根据中小学公民训练的标准，详细地介绍了小学与中学公民训练的基本概况，凸显中小学在公民训练目标、原则、方法方面的差异性。在小学的公民训练目标上，他依据小学公民训练标准，列举出公民训练在身体、道德、经济、政治方面的要点：公民的身体方面重在“强健”“快乐”；道德方面重在“勤劳”“敏捷”“负责”“诚实”“忠勇”“孝敬”“仁爱”“守礼”“好义”“知耻”；经济方面重在“节俭”“廉洁”“生产”“互助”；政治方面侧重“奉公守法”“爱国爱群”“拥护公理”“信奉‘三民主义’”，[1] 且因小学各年级的知识程度差异，而注重小学的低、中、高年级在公民训练目标上的区别。以政治方面的“爱国爱群”为例，第一、二年级仅限于培养对党旗国旗的敬重之感，如“听见国旗党旗升落信号时，一定要起立致敬”“在唱党歌国歌时，对党歌国歌脱帽致敬”等；第三、四年级偏重树立爱国爱校的观念，如“爱用国货”“敬重校徽”等；而在第五、六年级，对学生的要求愈加丰富和多样，如“爱护名胜古迹”“爱护学校及团体”“维护国家主权”“留心公众事情”[2] 等。随着小学生年龄的增长、知识丰富、阅历增多，其公民素质的培养标准也逐步提升。中学的公民训练的目标在中学公民科课程标准上也有初级中学公民教育目标与高级中学公民教育目标之分。初级中学的公民教育目标有“体验群己关系，养成立己合群的善良品性”“明了‘三民主义’要旨，及地方自治的基本知识，培养其健全的公民资格”“了解我国固有道德的意义，及实施新生活运动的规律，确定复兴民族的道德基础”[3] 等，重在培养学生增加对群己关系、“三民主义”、民族复兴观念的认知，即明确“是什么”的阶段。与之相应地，中学的公民教育目标则偏重在具备社会常识、“三民主义”观念及正确的人生观的基础上，如何解决我国社会问题和民族复兴问题，即“为什么”和“怎么办”的阶段。如有“学习社会生活的知识，及组织能力治事的方法，为社会服务之准备”

---

[1] 袁公为. 公民教育概论［M］. 贵阳：文通书局，1942：180－181.

[2] 袁公为. 公民教育概论［M］. 贵阳：文通书局，1942：182.

[3] 袁公为. 公民教育概论［M］. 贵阳：文通书局，1942：193.

“认识中国国民党之主义政纲政策，为建国及解决社会问题之途径”“明了人生之意境，启发其自觉心，以确定其人生观并养成其对复兴民族之责任心”[1]。通过小学公民训练目标与中学公民训练目标的对比分析，我们不难发现，小学的公民训练侧重灌输基本道德观念和行为规范，培养良好的个性品质，萌生爱国爱群的意识；而中学公民训练目标则重在强化学生在道德、政治、社会方面的常识，也更为偏重使其运用所学知识分析与解决社会现实问题。在公民训练实施原则与方法上，中、小学的公民训练也相互区别、各有侧重。其中，小学公民训练依据小学公民训练标准，其实施原则及方法有“改进全校行政设施、环境布置，以配合学生公民素质的训练”“各科教材与教法要关乎学生公民理想及习惯的培育”“全体教师具有训练的责任”“灵活运用训练的材料”“注重间接的、积极引导的公民训练方法”“教师要以身作则，与家庭配合紧密”[2] 等，注重整合全校的公民教育资源，与家庭教育相互配合，坚持积极的正面引导与实践考察；中学公民训练原则与方法包括“注重教材与教法的研究，提高公民训练效率”“利用课外活动的教育机会”“发挥学校其他学科的公民教育作用”“公民教育重在实践”“注重学生团体活动”“学校公民教育应与家庭、社会相互配合”[3]，注重加强公民科教材和教法的研究，积极发挥家庭、学校、社会的公民教育合力，充分挖掘与公民科相关学科的公民教育作用。这相比较于小学的公民训练在教育资源、范围、方法、途径方面均有所延展与丰富，且小学的公民训练在原则上偏重发挥教师的引导与教育作用，中学的公民训练则更加侧重发挥学生的主观能动性，使其在团体活动中提升公民素质。

龚启昌在《公民教育学》中也谈及小学、中学的公民教育实施状况，且在初级小学、高级小学、初级中学、高级中学四个阶段的公民训练相互差异、各有侧重。相比较于袁公为对中小学公民训练目标、原则及方法的概括与分析，龚启昌对于中小学公民训练目标的总结更为全面、细化。如

---

[1] 袁公为. 公民教育概论［M］. 贵阳：文通书局，1942：193.
[2] 袁公为. 公民教育概论［M］. 贵阳：文通书局，1942：183.
[3] 袁公为. 公民教育概论［M］. 贵阳：文通书局，1942：195.

将初级小学的公民训练目标分列八条："养成卫生整洁的习惯，注意公共卫生与公共秩序""快乐活泼的心态""待人友善、互助合作""了解社会与经济状况""爱护团体""爱护家乡""热爱国家"，而高级小学的公民训练目标与初级小学的公民训练目标基本保持一致，强调在初级小学公民训练目标的基础上进一步强化。初级中学也分为"群己关系""政治常识""经济常识""伦理思想"等，高级中学也在初级中学公民训练目标的基础上进一步强化。总之，在龚启昌看来，中学公民训练的目标较之小学公民训练的目标更为全面，注重培养学生在政治方面、经济方面、社会生活方面的基本常识，正确看待自身与团体间的关系，民族国家观念也更为加深，重在培育健全公民。在学校的公民训练的方法上，龚启昌也将小学公民训练方法与中学公民训练方法做以区别。小学的公民训练注重循序渐进，初级小学公民训练偏重设计式的训练，如"国旗设计""远足设计""国语常识""画图劳作"等[1]，使其在亲身体验中激发学生的爱国热情；高级小学公民训练注重在初级小学公民训练的基础上强化训练，且重视教师引导，借鉴学校其他相关学科的公民教育资源，使公民训练日趋系统化。中学的公民训练方法较之小学公民训练的体验式教学，更为侧重公民教学内容，如以"本乡的社会生活研究"为例的教学内容，分为"探查""提示""融化于自学""组织与述习"[2] 等程序，公民科教学愈加讲究理论性、系统性，且注重课堂教学与实践教学的相互结合，注重问题式教学，引导学生自学，提高其公民行为能力。

以袁公为、龚启昌为例分析，民国时期中小学的公民训练根据学生的身心发展特点及公民科教学规律，在训练内容与方法上均有侧重。在小学的公民训练中偏重公民道德训练，引导学生掌握正确的日常道德行为规范，培养他们良好的公民道德素质；而中学的公民训练则侧重公民意识训练，引导学生正确认识公民个体与家庭、学校、社会、国家等之间的关系，掌握基本的政治生活常识、经济生活常识、社会生活常识及良好的品德修养等。且中小学的公民训练方法均注重课堂

[1] 袁公为．公民教育概论［M］．贵阳：文通书局，1942：226－229．
[2] 袁公为．公民教育概论［M］．贵阳：文通书局，1942：249－250．

教学与实践教学相结合，善于实施情境教学，侧重启发引导，但两者在训练难度上有所差异。

## 第三节　民国时期社会组织公民训练

民国时期的公民教育在学校之外，也在社会上组建公民团体，利用多种教育手段灌输公民知识、培养公民品格、陶冶公民性情、锻炼公民能力，以培养良好公民的实践活动。其内容相当丰富，包括补习教育、识字教育、健康教育、美育、特殊教育、感化教育、家事教育等。社会组织公民团体对培育公民意识、塑造合格公民发挥着至关重要的作用。公民教育的整个责任，不是由学校单独承担的；公民教育的全部过程，较大部分是由社会组织负责的。其原因在于，教育贯穿人的一生，而一个人一生的大多数是处在社会关系之中。此外，公民的良好品德和人格的养成，也不是一朝一夕的事情，社会是公民教育的大课堂，也只有在不断地学习与总结中，才能塑造好公民。

### 一、组建公民团体

组建公民团体是民国时期教育界人士视域中社会公民训练实施的主要方法之一。其中，最具代表性的人物当属刘湛恩。为推进公民教育，刘湛恩以上海中华基督教青年会全国协会为依托，积极组织公民研究团、公民宣讲队、公民养成团、公民训练会、公民班等公民团体，以期公民教育在中国社会产生较深的影响和明显的效果。一是公民研究团。公民研究团是一个系统的、有组织、有计划的公民教育机构，主要由已接受教育的民众构成，积极讨论，集思广益，开展广泛的公民研究。其研究的范围包括：公民知识、公民品格、公民权利、公民义务、公民的家庭、公民的学校、公民的社会、公民的国家、公民的世界、地方政府、中央政府、时事问题、社会问题、经济问题、国难原因、法制问题、国际问题等。[1] 在公民问题研究的基础上，公民研究团也注重实际训练。如刘湛恩所指出，“今日之公民教育，非止于灌输良好的知识而已，要在学识既丰之后，处个人固须所得之良知良能，正心修身，更须以研究之学识经验，齐家治国，方足为良好之公民，方能发扬真正民治之精神，直接及于家庭，至于社会，而间接则国家即亦受其实惠也。方今为发轫之始，应一方悉心研究，一方为实际之训练，二者并举，可免偏废之弊。”[2] 由此，公民研究团除了最重要的公民问题的讨论外，也组织公民宣讲队、举行公民选举会、组织辅友会、公民测试、练习议会规则、办理平民学校、协助禁烟运动、实行家庭改进、提倡市政改良、参加社会改良、参加爱国运动、实行社会服务运动等[3]，且要求公民研究团成员积极参与上述公民实际训练，对公共事务尽职尽责，以期养成自身的公民品格、共和精神、服务意识。二是公民宣讲队。公民宣讲队，不同于公民研究团，主要通过宣传、演讲公民常识的方式，联络热心社会服务的青年，利用业余时间或假期，开展公民教育宣讲，力图“以最少的财力、最短的时间，得最大的效果”，以培养广大民众“广义的、建设的、纯正的”爱国心，唤醒公民服务意识，训练高尚的公民人格，促进社会公共福利、国家进步、世界和平。其演讲的时间灵活，可“逐日演讲”“星期演讲”“寒假、暑假演讲”。演讲的地点不一，包括“固定地点宣讲”“游行宣讲”“巡游宣讲”。演讲的形式多样，“普通宣讲队员，专司持旗帜及分传单”“幻灯宣讲队员，专司演放幻灯及宣讲”“电影宣讲队员，专司演放电影及宣讲”“音乐宣讲队员，专司开留声或弹丝弦，兼及宣讲”“化装宣讲队员，专司演短剧”。此外，还“组织游戏会，增添宣传效果”。[4] 上述形式多样的宣讲，在于养成公民人格，使其对于家庭、社会、国家及世界具有忠勇服务的能力和合群互助的精神。其中，上海中华基督教青年会于1924年的“五四”“五九”纪念日，在全国各处组织大规模的公民宣讲队，宣传爱国情感、民族意识、公共服务精神

---

[1] 上海理工大学档案馆．刘湛恩文集［M］．上海：上海交通大学出版社，2011：12.

[2] 上海理工大学档案馆．刘湛恩文集［M］．上海：上海交通大学出版社，2011：12.

[3] 上海理工大学档案馆．刘湛恩文集［M］．上海：上海交通大学出版社，2011：12.

[4] 上海理工大学档案馆．刘湛恩文集［M］．上海：上海交通大学出版社，2011：35－36.

等，颇有成效。三是公民养成团。公民养成团在刘湛恩的公民教育工作中也占据重要地位。据当时的不完全统计，全国加入公民养成团的儿童多达万余人。[1] 该组织以10～18岁的青少年为教育对象，每10余人组成一个团体，通过灌输公民知识、实施公民训练，希冀培养儿童基本的公民常识、公民意识及公民行为。该组织坚持公民教育要从儿童抓起，并在公民日常生活实践中实施公民教育，希冀公民从小养成对家庭、社会、国家及世界的初步认知与情感，为之后养成正确的公民认知奠定良好基础。四是公民训练会。不同于上述三个公民团体，该组织以培养公民教育骨干为目标，对文化程度较高的公民施以公民指导与训练，旨在养成公民教育骨干，使其在公民教育中发挥模范带头作用。[2] 五是公民班。公民班的主要教育对象是普通群众，其规模较小而服务人群较多，设于全国各地，对群众灌输公民常识。当时在烟台、厦门、安东等地都开办了公民班，教育效果显著。[3] 综上，组建公民教育团体是刘湛恩公民教育工作的一大特色。他积极筹划公民教育组织、开展公民教育运动，对公民教育在中国社会的深入发展发挥了重要作用。作为社会公民训练的主要方式之一，公民教育团体是公民教育运动的主要载体和重要依托。

## 二、实施公民活动

依托于公民教育的社会组织，公民教育运动也是民国时期教育界人士社会公民训练的重要组成部分。在民国时期教育界公民教育工作中，刘湛恩、晏阳初是开展社会公民训练的典型人物。归纳起来，他们的公民教育活动主要有识字教育、发行刊物、和平运动、国庆期间的公民教育运动、公民教育运动旬、公民测验等。一是识字教育。识字教育是公民教育的开端，也是公民教育的基本方法。在晏阳初看来，不识字的公民无所谓参与政治和参加选举，识字教育是唤起民众的初步工作。因此，“我们对今日

[1] 上海理工大学档案馆．刘湛恩文集［M］．上海：上海交通大学出版社，2011：58．
[2] 上海理工大学档案馆．刘湛恩文集［M］．上海：上海交通大学出版社，2011：58．
[3] 上海理工大学档案馆．刘湛恩文集［M］．上海：上海交通大学出版社，2011：58．

的‘平民’如果真要实施公民教育，必须从根本上着手，必须从识字教育着手”。[1]公民要掌握一两千基本汉字，读懂《平民千字课》《成人读本》《青年平民读本》等初步教材和课外读物。且他还提出，教材内容应注重实际应用，因为这样可快速提升平民的识字能力和认知水平。[2]二是发行刊物。在公民教育运动过程中，为扩大公民教育影响，刘湛恩组织上海中华基督教青年会全国协会面向群众发行种类多样的公民教育刊物。这些刊物大多通俗易懂，易于普及，是公民教育的有效宣传工具。刊物类型包括图书、唱本、期刊等。其中，公民教育图书有《怎样做公民》《公民纲要》《公民测试》《公民教育图表》《民为邦本》《理想的公民》《公民职务》《精忠报国》《职业自省》《诸图表》；公民教育唱本有《大家做个好公民》《救国新五更》《公民须知》《公民诗歌》；公民教育丛刊有《怎样做一个中华民国的良好公民》《国际问题讨论大纲》《关税问题讨论大纲》《不平等条约讨论大纲》《领事裁判权讨论大纲》《和平运动》。[3]为了扩大公民教育的影响，这些刊物都很注重对公民常识的灌输与公民意识的培养。晏阳初在定县出版了若干公民教育材料（教材），分为基本材料和应用材料两种。其中，基本材料有《公民道德根本义》《公民道德纲目》《公民知识纲目》《国民生活上应改正之点》《中国伦理之根据》等，侧重公民教育基本理论的探索与研究；应用材料有《公民课本》《公民图说》《历史》《地理》《唱歌》《三民主义讲稿》《农村家庭设计》《模范家庭调查表新设计》《农村自治研究设计》《公民讲演图说》等，侧重实际应用。[4]通过这些贴近民众生活的活动，在定县开展的公民教育活动取得了良好的效果。三是和平运动。和平运动是全国人民为实现国家和平统一而实施的非政党运动。20 世纪 20 年代，国内政局动荡，战争此起彼伏，民不聊生。为了停止内战，一致对外，积极建国，刘湛恩实施和平运动，提倡和平为“让国民自身有一自救之永久机会”。[5]该运动始于国民，终于国民，由国民自

---

[1] 宋恩荣．晏阳初卷［M］．北京：中国人民大学出版社，2013：27．

[2] 宋恩荣．晏阳初卷［M］．北京：中国人民大学出版社，2013：27．

[3] 上海理工大学档案馆．刘湛恩文集［M］．上海：上海交通大学出版社，2011：58．

[4] 马秋帆，熊明安．晏阳初教育论著选［M］．北京：人民出版社，1993：93．

[5] 上海理工大学档案馆．刘湛恩文集［M］．上海：上海交通大学出版社，2011：174．

主发动，自主召集，自主维持，自行发展，不受其他政治组织及势力的干涉与阻挠，国民“为唯一的创作者，唯一的参与者，唯一的制造者与唯一的执行者”❶。在和平运动中，国民要发挥主体作用，竭力宣传内乱的原因及危险，鼓吹和平对于中国社会发展的意义，筹措和平运动的资金及联络以地方利害关系相结合的城镇乡区及以职业相结合的职业团体做大规模的和平宣传，参与和平会议以解决和平统一问题等。在这里，刘湛恩对和平运动的呼吁与筹划在某种程度上反映出爱国教育家的家国情怀，在目睹与亲身经历了长期国内战乱的社会现实背景下，希冀能够凭借广大民众的力量实现国家的和平统一、稳定团结的强烈愿望。他们立足中国社会现实，看到了广大民众的潜在力量，提出了“中国内乱之延长与否，和平之实现与否，全视公民能负责任与否以为断。如公民负责任，和平能实现；如公民不负责任，则和平决不能实现”❷ 的论断。如此，有助于提高国民的政治认知和参与能力，实现国家的和平统一。在这里，我们发现，刘湛恩能认识到中国民众的历史作用，代表着一种历史进步。但是，仅仅通过民众力量实现中国社会和平统一是不现实的。其原因在于：中国民众力量虽然广泛，但却分散，缺乏必要的凝聚力，难以形成统一的、持久的战斗力量。四是国庆节。在上海中华基督教青年会的公民教育工作中，国庆节是实施公民教育的重要时机，对培养国民的爱国情感、民族意识、责任意识具有积极意义。该运动在 10 月 9 日至 11 日期间，组织演唱爱国歌曲、举行升旗仪式、发表爱国演讲、争取有志青年加入公民研究团、开展文艺晚会等形式多样的公民教育活动，以期养成国民“建设的而非破坏的、积极的而非消极的、乐观的而非悲观的、负责的而非旁观的、团结的而非涣散的、实行的而非空谈的、持久的而非五分钟的、始终如一的而非虎头蛇尾的、知行合一的而非口是心非的、大公无我的而非假公济私的”❸ 爱国心。五是公民教育运动旬。作为公民教育运动的最高潮，上海中华基督教青年会于每年的 5 月 1—10 日，利用劳动节、青年节、国耻日等，举行爱国教

❶ 上海理工大学档案馆. 刘湛恩文集［M］. 上海：上海交通大学出版社，2011：175.

❷ 上海理工大学档案馆. 刘湛恩文集［M］. 上海：上海交通大学出版社，2011：178.

❸ 上海理工大学档案馆. 刘湛恩文集［M］. 上海：上海交通大学出版社，2011：15.

育宣讲、和平运动、征文、公民选举等大规模的公民运动，收效显著。刘湛恩赞赏道："趁此人心激发之时，举行公民教育之运动，收效必速。故特定此计划，历年以来，颇能促国人之注意，成功不小。"[1] 六是公民测验。公民测验是公民教育运动的最后也是最重要的一环，广泛应用于公民教育演讲会、公民教育研究社、公民教育讨论团以及个人的宣教活动中，它是检验公民素质高低、公民教育实施效果的重要参考标准。该测验以培养健全公民为目的，设置了包括德育（合群、守法、公正、服务）、智育（语言、史地、内政、外交）、体育（体格、精神、卫生、游戏）在内共12项内容的测试表。测试表的每一项都设定了详细的标准，通过 +3、+2、+1、0、-1、-2 等参数由外向内依次排列。+号以上者指好公民，0号指平常公民，-号以下者指坏公民。[2] 如以"服务"为例，"+3"表示"牺牲一切，服务社会，并联合他人改良社会"；"+2"表示"实行十分之一入款捐助公益，并每礼拜至少以一日光阴为人服务"；"+1"表示"有时牺牲金钱与光阴，为人服务"；"0"表示"有职业、能自立自养，且稍有储蓄"；"-1"表示"欠债、浪费金钱（与）光阴"；"-2"表示"乞丐、游民"。[3] 测试完后，将图上各点连成一圈，若是好公民，则此圈在中间圈之外，且愈大愈好；若是坏公民，则此圈在中间圈之内，且愈小愈坏；圆圈形态以圆满为好，以欠缺为坏。测验完成后，公民教育实施者根据受教育者的测验信息施以针对性的教育，鼓励他们正视不足，弥补弱点，实现公民素质全面发展。公民测试研究，借鉴了西方定量研究的科学方法，使研究结果能够更为客观地呈现出来。

在社会组织的公民训练中，教育界人士实施了教育、宣传、服务、发刊、征文、测验等形式多样的公民活动，注重发挥社会民众的力量，在具体的公民活动中以体验式的公民训练培养国民的爱国心、民族感、公共心等，在当时社会条件下具有一定的可行性、操作性和创新性。

---

[1] 上海理工大学档案馆．刘湛恩文集［M］．上海：上海交通大学出版社，2011：57.

[2] 上海理工大学档案馆．刘湛恩文集［M］．上海：上海交通大学出版社，2011：29.

[3] 上海理工大学档案馆．刘湛恩文集［M］．上海：上海交通大学出版社，2011：31.

## 三、利用社会教育资源

民国时期的社会教育资源是实施公民训练的重要载体。一些教育界人士，如袁公为、杨贤江、龚启昌等，注重发挥社会资源的公民教育作用。

在袁公为看来，为培养公民品格，要注重社会公民教育，运用语言的、文字的、艺术的、电化的、实践的方法，有效整合社会公民教育资源。语言的社会公民教育，是社会公民教育中较常见的方法，针对不同的教育对象采用不同的教育方法，如演讲、个别谈话、口号等方式，向受教者灌输公民知识、增进公民情感、培养公民品格，使教育者和受教育者在情感上产生共鸣。文字的社会公民教育，通过标语与传单、宣言与通电、小报与电报、小型刊物和小册子等形式，向受教育者传达公民知识，培养公民的公共精神和参与意识等。艺术的社会公民教育，以音乐、图画、戏剧等形式，增强公民情感、增长公民知识、提高公民能力。电化的社会公民教育，是以电影和无线电播音的形式实施公民教育。实践的社会公民教育，通过实际的公民活动和公民组织开展公民教育，与语言的、艺术的、电化的社会公民教育的培养目标不同，它更注重公民行为的培养。

杨贤江也注重社会公民训练，强调社会服务在社会公民训练中的地位，以增强学生社会道德、自治习惯、公共精神，鼓励学生参与社会服务。如，组织学生利用假期，成立儿童团，“号召本地儿童，借本地学校或山野及别的适当地方，施以身体上及精神上的教育”；建立成人学校，“为本地年长失学者及商店学徒施以公民教育”；组织“游艺会”，表演“戏剧、演讲、科学游戏”等；实施亲族宣传，如涉及“劝诫恶习、劝除迷信、劝送子女入学读书、劝阅报纸”；[1] 开展乡村运动，号召青年学生积极投身乡村运动，组织平民学校、阅报室、讲演所、运动场、进德会，培养他们的团结力和公共意识。

此外，龚启昌在《公民教育学》中列举了社会公民教育的主要组织机

---

[1] 任钟印. 新法公民教科书［M］//杨贤江全集：第6卷. 郑州：河南教育出版社，1995：884－885.

构，如有民众教育馆、图书馆、博物馆、科学馆等[1]，构成了向国民宣传国内外新闻、国家大政方针及展现民族历史与文化、社会发展现状的主要渠道，利于增进国民的公民基本常识、政治认同感及社会责任感，激发国民爱乡爱国情感。

由此，我们不难发现，民国时期利用社会组织开展的公民教育较之家庭公民教育和学校公民教育具有更广泛性的教育优势，教育资源、教育机会、教育途径更为丰富与多样，利于在形式多样的社会服务、社会宣传中不断提升国民的公共意识、责任意识、服务精神，对培育公民素质具有积极影响。与此同时，需要指出，由于民国时期社会发展水平的局限，社会公民组织在规模、普及程度和指导思想方面存在较大的局限性，训练资源相较于现代的社会教育资源具有一定的落后性，如电化教育资源，还主要依托于电影和无线电播音形式，这相比于当前大众媒体日益发达的时代，其宣传力度、广度与深度会受到相当程度上的制约，与当今我国社会的思想政治教育不可同日而语。再比如，关于民国时期的文字的社会公民教育，主要通过少量公民组织的标语与传单、宣言与通电、小报与电报、小型刊物和小册子等形式，仅停留在纸质型的传播媒介阶段，这与当前互联网、大数据时代的网络宣传也是不可同日而语的，导致公民教育的传播媒介、传播广度、传播深度与传播力度也远远不及当今思想政治教育。

[1] 龚启昌．公民教育学［M］．南京：中正书局，1947：301－309．

# 第五章　以公民自治能力为培养目标的民国时期公民自治教育

梁启超曾说："中国人缺于自治之力，事事待治于人，治之者而善也，则大纲粗举，终不能百废俱兴也，治之者而不善，则任其弛堕毁败，束手而无可如何。"❶ 一语道破传统国民性格中自治力的欠缺。基于这样的国民素质现状，民国时期教育界人士在公民教育中积极倡导公民自治教育，培养国民的自治力，希冀杜绝梁启超所言的"中国人……毫无自治之能力，漫然绝无纪律，故虽有数百万人，但供他人之牛马，备他人之奴隶，甚者以赌博械斗、吸食鸦片、污秽不洁为他人所唾骂不齿，藉口而肆言驱逐。且非独在外而已，在内亦莫不然。故中国者，一凌乱无法之国也；中人者，一放荡无纪之国民也"❷。从总体上看，在民国时期，公民自治教育是公民教育的重要组成部分，既包含在公民教育内容之中，也成为公民教育的一种重要方式。

"自治"一词最早出现在1914年2月的《教育部整理教育方案草案》里。该草案指出，"今后方针注重自治的教育者，国家根本在于人民，唤起人民的责任心，而后学务能起色也。""各学校宜养成学生之自动力暨共同习惯。自动力为人间才智之本原，共同习惯为社会生活之要素；国家必有自立之民，而后元气充实，精神盛强……"❸ 民国初期的教育部已在提倡实施自治教育，希冀通过自治来培养学生的自立自强的品质和责任意

❶ 梁启超. 论中国国民之品格［M］//饮冰室合集第二册（文集之十四）. 北京：中华书局，1989.

❷ 梁启超. 论中国国民之品格［M］//饮冰室合集第二册（文集之十四）. 北京：中华书局，1989.

❸ 舒新城. 中国近代教育史资料（上册）［M］. 北京：人民教育出版社，1981：229－233.

识，以及发挥自治在培养具备自治能力与共和精神的新型国民、挽救民族危机中的积极意义。围绕着这一方针，民国时期教育界人士在公民教育研究中，注重公民自治教育，且积极实践，形成了较为丰富的公民自治教育思想。

## 第一节　民国时期的公民自治与公民自治教育

"公民自治"与"公民自治教育"是研究民国时期教育界人士视域中公民自治教育的核心观点。

### 一、民国时期的公民自治

公民自治最早可追溯至古希腊时期。在古希腊，公民是一个神圣的称呼，属于城邦中具有财产、教育背景良好、"有权参加议事和审判职能"[1]的群体。公民大会、公民法庭是古希腊城邦政治的实现形式，公民有权参与、掌管、议定城邦的公共财政、战争、议和、结盟、票决直接税等公共事务。公民自治不仅突出公民作为城邦的主体角色，更强调公民对政治实践的直接参与，他们通过公民大会、公民法庭的形式执掌参与城邦的公共事务。在民国时期，"公民自治"一词最早见于1918年2月的教育调查会第一次会议报告中，且正式颁布在1919年10月的第五次全国教育会联合会通过的国民教育宗旨里。《教育宗旨研究案》指出："所谓健全人格者，当具下列条件：一、私德为立身之本，公德为服役社会国家之本；二、人生所必需之知识技能；三、强健活泼之体格；四、优美和乐之感情。所谓共和精神者：一、发挥平民主义，俾人人知民治为立国根本；二、养成公民自治习惯，俾人人能负国家社会之责任。"[2]可见，较之古希腊时期的公民自治将奴隶、妇女、儿童等群体排斥在公民全体以外，民国时期的公民

---

[1] 亚里士多德. 政治学［M］. 吴寿彭，译. 北京：商务印书馆，1983：113.

[2] 舒新城. 近代中国教育史料［M］. 北京：中国人民大学出版社，2012：244－245.

自治主体则包括全体国民，不存在种族、财产、教育程度、身份的差异，是更为广泛意义上的公民自治。作为民主政体发展的产物，公民自治最初表现为教育界学生自治组织中的自我管理、自我教育和自我反省等，进而逐渐在全国形成自治的风气，宣扬主权在民，发展国民的公民意识、政治参与能力、社会责任意识，以提高国民素质。

## 二、民国时期的公民自治教育

公民自治教育作为民国时期公民教育中的重要组成部分，既是公民教育的重要内容，也是公民教育的重要方式。它试图通过自治的方式，提高国民的自立自强意识、公民权利义务观念、团体意识、国家观念，使其能够积极参与团体、社会及国家事务，改变国民在长期封建专制社会中形成的依附、盲从、政治冷淡的国民旧习，塑造适于时代发展的新型国民。通观民国时期的公民自治教育，其实施具有两个主要层面的指向。一是国家层面。民国成立，国家的主权属于全体国民，但现实并非如此。因为延续中国两千多年的君主专制的政治结构，以及以“三纲五常”为核心的封建文化，在很大程度上扼杀了中国人的主体意识、独立意志和权利自由，国民形成了依附、盲从的性格特点，对国事持“事不关己，高高挂起”的冷漠态度。诚如爱国教育家刘湛恩所言：“试看国民对于历来的战争……从没有自己起来作一番切实的工作……人民的疾苦也就日深一日，莫能脱离。这都是国民不负责任的缘故……我国人民对于国家的态度如此，即对于社会亦然。‘各人自扫门前雪，莫管他人瓦上霜’。”[1] 因而，有学者强烈呼吁：“若要根本救国，则非人人都有自治能力不可。”[2] 为改变这一社会现实，摒弃传统的国民旧习，培养自立自强的新型国民，民国时期教育界人士积极提倡公民自治教育，培养国民的主体意识、权利意识和义务观念，使其能够关心社会、参与政治，以期挽救民族危亡、实现国家复兴强盛。二是学生层面。1920 年，发表在《教育杂志》上的通告全国各省区教

[1] 刘湛恩. 公民与民治［M］. 上海：青年协会书局，1926：28.

[2] 黄百荷. 学生自治会是国民自治的初步［J］. 浙江省立第十一中学月刊，1933（11）.

育会的《学生自治纲要案》指出："共和国之教育，以全国学生人人有共和国民之资格为基本，欲期全国学生人人有共和国民之资格，以各学校实施学生自治为基本，盖学生自治，所以发展青年天赋之本能，养成其负责与互助之习惯，其方法在练习团体组织，其宗旨在发挥民治精神……"[1]学生是一支极具潜力、充满希望的青年群体。实施公民自治教育，发扬教育的民主精神，引导学生"守秩序""有规矩""循法度""同心同德""同谋社会公益"[2]，鼓励他们善于掌握命运与发展的主动权，提高他们的主体意识，增加他们的社会生活经验，塑造他们的国民资格，培养他们对社会、国家的责任意识。

## 第二节　民国时期公民自治教育的重要作用

民国时期教育界人士立足近代中国社会，把养成公民的自治能力作为实施公民自治教育的重要目标，旨在通过有组织、有计划的公民训练培育出既有独立精神，又不乏公共意识的新型国民，从而拯救国家于危亡之中。

### 一、培育公民独立自强精神的重要方法

作为受教育者，能够加强自我管理、自我约束、自我教育的自觉性，是养成自立自强精神与能力的重要方法。民国时期的教育界人士在公民教育研究中，试图通过公民自治教育，引导受教育者善于发挥自身的主观能动性，学会自我管理，主动关心他人、关爱集体，能以主体意识和强烈的责任感参与团体生活。

杨贤江于1923年受全国教育会联合会和商务印书馆之托，在参与起草的《公民科课程纲要》中极力提倡自治作为实施公民训练的方法。即"以

[1] 学生自治纲要案［J］．教育杂志，1920（12）．

[2] 要（笔名）．个人宜有自治能力［J］．通俗教育杂志，1913（3）．

讲述、表演等为关于公民修养的故事的教学方法，以参观、调查、讨论等为社会组织的教学方法，以学校服务、自治为训练公民的具体方法”[1]。在这段话中，杨贤江主张自治作为公民训练的方法，且以公民科课程大纲的形式予以确立，希冀教育者在公民科的教学活动中，注重发挥学生的积极性和主动性，培养他们的主体意识，引导他们主动思考、亲身体验。他指出，善于自治的人，是能够独立生活、积极做事的人。这样的人是生活的强者，在为人处世中能够自学、自强、自律、自修，且敢于负担责任，具备顺应环境、思考问题、判断是非、独立谋生的能力。[2]可见，公民自治教育是培育公民独立生活、积极做事、乐于奉献的重要方法，是公民养成的题中应有之义。

舒新城作为我国20世纪20年代的“新教育”运动倡导者之一，首推道尔顿制，提倡个性化学习。他指出：“学生对于某种学科或事业最有兴味的时候，一定要许他自由工作，因为只有这个时候他的精神较敏锐、较快活，而解决困难问题的能力较强。他对于工作一定要按照他自己精力的速度自由快慢，因为只有这样他才能做得精透。”[3]“自由”是道尔顿制的基本原则之一，是指学生可以不受课程表的限制和老师的频繁敦促，根据自身的兴趣爱好安排自己的学习任务和计划。其意义在于：一是培养学生的责任感。在道尔顿制理论中，学习完全变成了学生自己的事情，因而学生对自己的学习要负完全的责任，而不是为了完成家长或是教师规定的任务而学习。在学习过程中若遇到问题，也要试着自主解决，从而在一定程度上改掉依赖家长或是教师的思维习惯和行为方式。二是发展学生的个性。在由道尔顿制指导下的学习活动中，学生在学习活动中可根据自身的要求制订学习计划且独立完成，因而在某种程度上可发展学生的个性。三是养成学生的合作精神。在学校的作业室里，学生与学生之间能够相互帮助、共同讨论，教师也是处于与学生平等的地位给予学生帮助与指导，从而在学习过程中养成互助合作的精神。总之，在道尔顿制理论的指导下，

[1] 杨贤江. 公民科课程纲要［J］. 教育杂志，1923（15）.

[2] 任钟印. 新法公民教科书［M］//杨贤江全集：第6卷. 郑州：河南教育出版社，1995：170－171.

[3] 吕达，刘立德. 舒新城教育论著选：上［M］. 北京：人民教育出版社，2000：108.

学校给予学生一定的自主性和宽松的环境，注重发挥学生学习的自主性和自觉性，鼓励学生遵从自身的兴趣爱好选择学业与事业，在选择与实践中发展自身解决问题的能力，使其内在潜能获得最大程度的发展，以提升自身的综合素质。

陶行知也重视自治教育在培养公民中的积极作用。他在《学生自治问题之研究》一文中开门见山地指出，学生自治问题是当时教育界一个极重要的问题。[1]“今日的学生，就是将来的公民；将来所需要的公民，即今日所应当养成的学生。专制国所需的公民，是要他们有被治的习惯；共和国所需的公民，是要他们有共同自治的能力。”[2] 在这里，陶行知把民族国家发展同青年学生的自治能力相互联系，指明学生自治在学生素质发展、民族解放问题上的重要价值。学生自治，较之于学校治理，更能充分发挥学生的才智，学会自我约束，规范行为。如他所说，“我们与学生经验不同，环境不同，所以合乎我们意的，未必合乎学生的意。勉强定下来，那适应学生需要的，或者遗漏掉；那不适应学生需要的，反而包括进去。等到颁布之后，学生不能遵守，教职员又不得不执行……学生自己共同所立的法，比学校里所立的更加近情，更加易行，而这种法律的力量，也更加深入人心”。[3]

蔡元培在 1917 年的《爱国女学校之演说》一文中，也谈及中国女子的自治问题。他指出：“盖国民而无完全人格，欲国家之隆盛，非但不可得，且有衰亡之虑焉。造成完全人格，使国家隆盛而不衰亡，真所谓爱国矣。完全人格，男女一也。”[4] 针对在专制社会中女子依附男子的非独立性人格的封建传统，蔡元培积极提倡爱国女学校应当秉承培养学生完全人格的教育宗旨，引导女学生改变在传统封建社会中依附于男子、固守家庭、不思进取的旧习惯，养成独立性人格，提高自身素质。

民国时期教育界人士提倡公民自治教育的重要原因之一就是基于“救亡图存”的近代中国社会背景，巩固民主共和的政治制度，改变国民在长

---

[1] 董宝良．陶行知教育论著选［M］．北京：人民出版社，2015：57.
[2] 董宝良．陶行知教育论著选［M］．北京：人民出版社，2015：57－58.
[3] 董宝良．陶行知教育论著选［M］．北京：人民出版社，2015：59－60.
[4] 高平叔．蔡元培教育论著选［M］．北京：人民教育出版社，1991：75.

期的封建“人治”政治环境中形塑的依附型国民性，养成国民的独立自强的素质。其一，由于青年是民族的希望、国家的未来，因而上述教育人士主要针对青年学生群体，希冀通过学校组织公民自治教育，注重引导学生自我教育的主动性和积极性，培育他们的自治能力。其二，在学校的公民学科教学中，注重尝试在课堂教学与课外活动设计中培养学生的自治能力，如舒新城尝试实行新的班级管理制度——道尔顿制，着重学生的个性化学习，主张学校将部分管理权放宽给予学生，让学生根据自身现实制定符合需要的规章，坚持从学生自身兴趣做出选择，培养自身解决问题的能力；也如在课外的社会实践活动中，注重通过社会参观、社会调查、演讲讨论等方式组织自治教学，注重发挥学生的自觉性和主体性，鼓励他们主动思考、亲身体验。其三，注重培养在校女学生的自治能力。因受“夫为妻纲”封建伦理道德观的影响，传统封建社会中的女子在人格上依附于男子，缺乏独立自主的经济、社会地位，教育文化程度较低，因而民国时期教育界人士呼吁培养女子的自治能力，使其具有同男子平等的自由权利、社会地位和独立人格，在当时具有重要的历史进步意义。

## 二、培养公民公共意识的基本途径

在民国时期教育界人士关于公民自治教育的研究视域中，自治并非脱离群体，而是通过培养公民个人自立自强的能力，从而增强群体的团结心和凝聚力。

杨贤江在《学生自治何以必要》一文中揭示出自治在团体组建中具有两方面重要作用。一是自治是构成团体生活的基础要素。学生在按照契约而成的共同体中，要遵守共同的规范和准则，而这种局面的实现需要依靠自治来完成。假如学生没有养成自治的能力和习惯，那么也将难以在集体生活。因此，杨贤江呼吁学校应当改变封闭的教学模式，建立学校与社会的联系，鼓励学生在校期间积极组织学生团体，体验集体活动，开展社会服务，培养自治能力，为之后更好地适应社会奠定良好的基础。二是自治是承担团体责任的基本要素。杨贤江指出：“要培养团体的观念、团体的同情，用团体的制裁，迫使大家担负团体的责任，而这种团体的制裁……一定要学生实行自治，才能从内部发生出来。因为学生的自治，必有种种自治的事业和担任种种事业的人；而且一切规约，一切责任，都是学生自己议定，自己执行。故对于担负义务的观念，一定要受著深切的感触，而对于单独为己的思想，也可以希望慢慢地改变。”❶ 由此可见，在杨贤江看来，教师应当鼓励学生自治，使其在团体生活中善于承担责任，履行义务，培养团体意识，摆脱自私观念。

蔡元培也积极提倡组建学生自治组织，培养他们的公共意识和责任感。如他支持北京高等师范学校的学生自治会、爱丁堡中国学生会等团体的工作，希冀学生能够发挥自治精神和团体意识，严于自律，自觉承担团体责任。他曾在北京高等师范学生自治会上指出，学生在品行方面的自治表现为“在学校里不作贬损人格的坏事，在外边能保全自己的名誉，或保全学校团体的名誉……我们既自认是人，尊重自己的人格，且尊重他人的人格，本无须他人代庖”❷。他也于 1920 年北京大学第 23 年开学日演说中鼓励北京大学的学生要善于励行自治，且积极投身于“平民夜校”“平民讲演”，鼓励其他人也培养自治的习惯。此外，他还鼓励学生在日常的学校生活中要学会自我管理，自主学习；不妄自菲薄，自律自强；不随意放纵，守纪律懂规矩；尊重他人的人格，服务团体事业，等等。与此同时，希冀通过起初零星的、小规模的自治团体逐渐发展壮大进而能在全国产生重大的精神感召和影响，营造自立自强、团结协作的社会风气。如他所说：“现在少年中国学会的工学互助团，是从小团体脚踏实地的做起。要是小团体一处一处的布满了，青年求学的问题便可解决。要是感动了全国各团体都照这样做起来，全中国的最重大问题也可解决。”❸ 在这里，我们不难推断，蔡元培先生将学生自治与民族国家发展紧密联系，把民族复兴强盛的希望寄托在中国青年人身上，希冀他们养成自治能力，造就新一代自立自强、素质较高的中国青年，在全国范围内形成学生自治的良好社会风气，凝结成一股强大的自治力量，为实现民族复兴带来很大的希望。

---

❶ 任钟印．新法公民教科书［M］//杨贤江全集：第 6 卷．郑州：河南教育出版社，1995：173.

❷ 蔡元培．蔡孑民先生言行录［M］．桂林：广西师范大学出版社，2005：231.

❸ 高平叔．蔡元培教育论著选［M］．北京：人民教育出版社，1991：256.

陶行知以教育家独有的前瞻视野和深邃思想，指明学生自治问题是民国时期教育界极为重要的问题。民国时期学校教育应当注重学生自治问题，学校应为学生提供种种自治的条件和机会，鼓励学生组织起来，发挥自我管理、自我教育的作用，在自治的实践中养成自我管理的能力。民国成立，主权在民，倘若国民尤其是青年一代不具备共同自治能力，那么拯救民族危亡、改革中国社会的希望则没有实现的可能。陶行知进一步指出，学生自治在学生自身成长与发展中具有着积极意义。其中，最为重要的意义之一是学生自治能够培育学生的公共意识和习惯，“一是对公共幸福，可以养成主动的兴味；对于公共事务，可以养成担负的能力；对于公共是非，可以养成明了的判断……自治可以养成我们对于公共事情上的愿力、智力、才力”。[1] 在他看来，学生自治与其公共意识、责任意识密切相关，鼓励学生自治，为学生自治创造条件与机会，是培养学生公民资格的重要方法。此外，陶行知热衷“做中学”的教育理念，呼吁学校应关注学生自治问题，从具体实践中培养学生共同管理、自觉做事的能力，提倡学生要与学校保持互助合作的精神，使自身走出校园、步入社会之后，具备自治能力，这是公民养成的重要因素，也是国家发展、民族兴旺的根基。

在民国时期教育界人士关于公民自治教育的视域中，实施自治教育是为了引导和教育国民更好地服务公共生活。这些教育人士针对国民在传统封建专制社会中形塑的缺乏公共意识的国民旧习，注重发挥公民自治教育在培育国民公共意识中的积极意义，通过组建形式多样的团体组织或开展团体活动，借以引导公民树立公共意识，正确看待和处理自身与他人、家庭、社会、国家等之间的关系，使之能够发挥主体精神与作用，树立公共意识、公德观念和奉献精神，热心社会公共事业，关心国家事务。这一公民自治教育最初从学校开始实施，但并不局限于学校领域，教育人士希冀通过起初零星的、小规模的学生自治团体逐渐发展壮大进而在全国产生较大的影响，营造团结协作的社会风气。因而，公民自治教育在民国时期教育界的提出与培育，对于提高国民的公民素质、推进中国社会的现代化进程具有重要意义。

---

[1] 胡晓风，等. 陶行知教育文集［M］. 成都：四川教育出版社，2007：101.

## 第三节　民国时期实践活动中公民自治能力的发展

在民国时期教育界人士的公民自治教育思想中，大多注重在公民实践活动中培养公民自治能力。正如陶行知所言："我们既要能自治的公民，又要能自治的学生，就不得不问究竟如何可以养成这般公民学生……譬如游泳，要在水里游；学游泳，就须在水里学。若不下水，只管在岸上读游泳的书籍，做游泳的动作，纵然学了一世，到了下水的时候，还是要沉下去的。"❶ 陶行知主张在做中学，以亲自下水学游泳暗喻要在公民实践活动中养成公民的自治能力，足见实践对于养成公民自治能力的重要意义。归纳教育人士关于公民自治的实践方式，主要有"公民科课堂教学""学校学生自治组织""社会公民自治组织"三方面。

### 一、公民科课堂教学

在民国时期教育界，公民科课堂教学注重发展学生的自治教育能力。袁公为在《公民教育概论》中，强调在公民教学中实施问题式教学法和设计式教学法。所谓问题式教学法，指的是引导学生运用公民知识解决现实问题，锻炼学生思考和解决问题的能力。在这里，袁公为以初中一年级的学生为对象，列举一些公民问题，如：倘若你知道一件贪污案的内幕，而贪污者的罢免会影响到你的职业前途，试问你是否应揭发这一案件；保家与卫国，究竟哪个更为重要；现今人们不愿服兵役，究竟是何原因；若长辈对你无理责骂，你该如何应对；等等。❷ 这些都是当时现实生活中存在或可能发生的问题，针对这些问题的思考与探究，能够培养学生的公民思维，锻炼学生的自治能力。所谓设计式教学法，是指学生自觉地、有目的地、有计划地实施"服务设计""表演设计""调查设计"等方法关注社

❶ 胡晓风，等. 陶行知教育文集［M］. 成都：四川教育出版社，2007：55.

❷ 袁公为. 公民教育概论［M］. 贵阳：文通书局，1942：149.

会生活，增加学生社会生活经验、道德情感、自治能力，促进素质的全面发展。其中，“服务设计”适用于小学的中低年级，其服务项目包括打扫运动场、美化校园环境、制作标本仪器、修葺房屋；参与当地市镇的劳动服务；从事宣传、救护、慰问、警卫、纠察等战争后方服务等。“表演设计”包括让学生模拟表演各类选举、法院审判、立法议会、弹劾案、升旗等。“调查设计”指的是让学生亲自到政府、法院、海关、邮政局、工厂、银行、公司、图书馆等社会机关访问、视察、调查等，以增进公民认知。[1] 由此可见，设计式教学法鼓励学生自治，增强社会体验，培养实践能力。

舒新城也从公民科教学方面探索培养学生自治能力。他于 1923 年受中华书局之托，开始编写《新中学教科书初级公民课本》，供新学制中学公民科教学使用。他在该书的编辑大意中明确指出：“公民科的目的，在知行并进。关于知的方面，于正文材料外，并附有许多练习题目，引导学生自己研究；关于行的方面，不用消极的谆诫而用积极的暗示。”[2] 在这段话中，舒新城主张在公民科教学中坚持知行并进的理念，且注重教师在教学中的引导作用和学生的自主性，鼓励学生独立思考、自主研究、解决问题，注重培育学生的自治能力。

民国时期教育界人士积极提倡在公民科教学中培育学生的自治能力。在他们看来，公民科教学应当通过“问题研究”“设计表演”“实践活动”“社会调查”等形式，注重教师的主导作用，引导学生积极参与到公民科教学活动中，使其自觉地发现、分析、解决公民问题，参与设计公民科教学，亲身体验社会服务，创造机会接受现实社会等，同时也注重发挥学生的主体性和自觉性，使其在公民科教学中感受到参与的快乐，了解社会现实需要，体验服务的价值，在各类公民参与中提升自身发现、分析与解决问题的能力，增进自身的公民认知，提升自我管理、自我教育、自我约束的素质。

---

[1] 袁公为. 公民教育概论［M］. 贵阳：文通书局，1942：151－152.

[2] 舒新城. 新中学教科书初级公民课本：卷一［M］. 上海：中华书局，1926：1.

## 二、学校学生自治组织

学生的自治组织既是民国时期学校实施公民自治教育的重要表现，也是学校根据民主共和精神实施公民自治教育的主要依托。学生自治组织作为学校育人的有效途径之一，致力于养成学生健全人格和良好品性，这是学校履行社会责任的基本体现，承担着培育理想公民的重要任务。归纳起来，民国时期学生的自治组织具有三个突出特点。

一是注重启发学生提高自我管理、公共参与的自觉性和主动性，培育学生的独立性、自主性、公民意识，锻炼他们发现问题、分析问题、解决问题的能力。这不仅对于学生素质的发展具有重要意义，也为初立民国提供重要的后备军和人才资源。陶行知指出："专制国所需的公民，是要他们有被治的习惯；共和国所需的公民，是要他们有共同自治的能力。中国既号称共和国，当然要有能够共同自治的公民。想有能够共同自治的公民，必先有能够共同自治的学生。所以从我们国体上看起来，我们学校一定要养成学生共同自治的能力，否则不应算为共和国的学校。"[1] 民主共和国家需要具有自治精神的国民，国民的自治程度直接影响着这个国家的民主程度。

二是学生自治组织注重加强与社会的联系，学生自治组织结构设置与管理分工带有明显的社会性质。如马精武在 1929 年《教育杂志》上发表《尚公学校儿童自治的昨今明》一文，较详细地介绍了上海尚公学校在 1921 年试行学生自治组织的基本情况。该组织具有组织性和纪律性，以三年级以上的学生组成的学生会为中心，由学生会选派代表召集每学期一次的全校代表大会。学生自治组织内部设有教育馆、图书馆、俱乐部、博物院、公安局、卫生局、报社、银行、商店，办理上海尚公市行政上的一切事务。如：教育馆负责全市的演讲、艺术、体育等事务；图书馆管理市民阅览图书事项；俱乐部掌管娱乐集会；博物院办理搜集保管物品，供市民

[1] 胡晓风. 陶行知教育文集［M］. 成都：四川教育出版社，2007：56.

参考；等等。[1] 又如，何镛在《我校之学生自治会》中介绍了江苏南通唐闸私立小学的学生自治组织的基本情况。该组织主要由十二个部门构成，分别为“发卖部”“制作部”“看护部”“运动部”“卫生部”“校园部”“调查部”“图书馆”“音乐会”“校报社”“博物馆”“演说会”，分门别类地负责学校事务，大多由学生亲自组织策划，承担团体中应尽的职责，有组织、有纪律、有秩序，学生各得其乐，收获良多。[2] 由此可见，学生的自治组织以社会为参照标准，设置学生自治组织的职能与分工，使其初具社会组织的模型与特点，注重加强学校与社会之间的联系。通过组织内部的具体事务，加深学生对社会各职能组织的基本认知，在这些具体事务的管理中培育学生的团体意识、责任意识与奉献精神，这些素质都是公民教育的题中应有之义。

三是大多学生自治组织具有鲜明的组织性和严密的纪律性。学生自治组织内部设有分工明确、各执其责、团结协作的部门。以上海中学实验小学儿童自治组织为例，该学生自治组织具有严密的组织结构和细致的分工协作。学生自治组织名为“实验市”，以“举办本市公众事业，增进市民之福利”“练习自治能力，养成为公众服务之精神”“以四种直接民权为基础，练习训政时期之工作”为宗旨，具有“局长—主任—干事”严密的干部体系，设置教育局、公安局、卫生局、农商局、财政局五大部门，主要负责该市的学务、治安、卫生、实业、财政等具体事务。其中，教育局主管学务，如公共图书、出版、表演、比赛及本市学务等；公安局主管治安，负责巡察、消防、裁判等；卫生局掌管卫生，如清洁、救护等；农商局主管实业，负责种植、储蓄、贩卖等；财政局掌管财政，负责保管、出纳、募捐等。[3] 分工明确、组织严密、团结协作的学生自治组织对于在校学生的社会化发展具有重要的意义与价值。一方面，组织内部分工明确，学生各执其责，利于养成责任意识；另一方面，这些与社会组织密切相关的学生自治组织旨在通过学生的亲历亲为，增加他们的社会

---

[1] 马精武．尚公学校儿童自治的昨今明［J］．教育杂志，1929（5）．

[2] 何镛．我校之学生自治会［J］．少年杂志，1919（10）．

[3] 盛朗西．上海中学实验小学儿童自治概况［J］．教育杂志，1929（5）．

认知与社会经验，锻炼他们的自治能力，提升他们的社会化程度与公民观念。

## 三、社会公民自治组织

社会公民自治组织也是民国时期教育界实施公民自治教育的主要内容之一。以刘湛恩、晏阳初为代表的教育家侧重筹建公民自治组织，践行公民自治教育。

刘湛恩依托于上海基督教青年会全国协会，组织公民团体，在实际的公民实践活动中锻炼国民的自治能力。其社会公民自治组织主要有两种形式：一是组建公民研究团。在公民教育开展过程中，刘湛恩在基督教全国青年协会组织公民研究团，研究公民品格、权利、义务、社会问题、经济问题等，既希冀增加民众的知识，也提高民众的自治能力。正如他明确指出的，“兹欲振拔人群，使知天职之所在，则公民研究团，实乃人民之前导也。小而正心修身，大而齐家治国，悉赖公民教育为发轫之基。使人民有自治之能力，知群众有互助之义务，始而人知自砺，既而团体扶持，再则乃可为社会服务，更进而谋及国事矣。是以公民教育关于个人，关于国家，巨细靡遗，大小悉赖，固不仅于促进人民知识而已也”。[1] 为培育广大国民的自治能力，基督教全国青年协会的公民研究团通过研究公民品格、公民资格、公民常识、社会问题等，且坚持知行合一的原则，组织公民宣讲队、成立公民选举会、建立平民学校、举办公民素质测试活动、组织公民模拟议会规则、鼓励公民积极参与市政改革、协助政府开展禁烟运动、参加社会改良、爱国运动等十余项活动，注重广大民众的广泛参与，培育他们的自治能力，使之能够完善自我、服务社会、热心国事。二是组织公民宣讲队。公民宣讲队也是民国时期社会公民自治组织的主要形式之一。其优于研究团之处在于，“以最少的财力，最短的时间，得最大的效果”，[2] 宣讲中兼有爱国故事、说书、新剧、幻术、音乐等，并由宣讲员随带国

[1] 上海理工大学档案馆. 刘湛恩文集［M］. 上海：上海交通大学出版社，2011：7－8.

[2] 海理工大学档案馆. 刘湛恩文集［M］. 上海：上海交通大学出版社，2011：34.

旗、中华民族地图等，组织灵活，成员普遍，也具有一定组织性、纪律性及持久性。公民宣讲队主要通过联络热心社会服务的青年，利用业余时间，开展公民教育宣讲。一方面，宣讲员会因自主参与而直接受益，利于提升他们的公民常识和互助精神；另一方面，也通过他们的宣讲带动更多的民众参与，唤醒其他民众的公民觉悟，提高他们参与宣讲的主动性和自觉性，同时也提升他们的公民觉悟。

晏阳初重视乡村自治在公民教育中的重要价值。晏阳初在公民教育过程中选定河北定县的乡村，设立乡镇建设委员会筹备处，负责举办公民训练、协助选民登记等工作；成立公民训练班，实施农民自卫训练，开展政治、经济、教育、保健等常识研究活动；成立公民服务团，开展经济、教育、保健工作；举行公民选举以及全县推广等活动[1]，充分调动广大村民自身的力量，发挥他们通过自我服务、自我管理、自我参与等方式实现本村政治、经济、教育、保健工作的发展，提升广大村民生活质量的积极性，培养他们的公共觉悟、团体意识和服务精神。其中，以河北定县的高头村为例。晏阳初公民教育团队在高头村开展“以研究村自治之内容与组织，并训练村自治基本人才为目标”的自治研究工作，成立乡公所，由村里公务人员共同讨论全村事务，发挥乡村民众的自治能力，自主管理乡村事务。由此可见，以刘湛恩、晏阳初为主要代表的教育家立足积贫、积弱、积私的中国农村现实，从社会最底层做起，以平民为主要自治启蒙对象，发动民众的力量，对于促进公民教育在中国农村的开展、提升广大农民的自治能力和公民意识发挥着积极意义，也对促进中国农民的思想解放与启蒙、中国农村现代化具有重要的现实意义。

民国时期的教育界人士坚持在“做中学”的教育理念，在公民自治教育中注重通过社会实践培养国民的公民自治能力，鼓励学校成立学生自治组织，开展学生自治活动，也鼓励在社会中组建自治组织，希冀国民通过形式多样的自治活动提升自身的公民素质，如在公民研究团中掌握基本的公民常识；在模拟公民选举中感受公民的自由权利与使命；在校园服务中培养公共觉悟与服务精神；在社会基层服务中激发对本地区公共事务

---

[1] 宋恩荣．晏阳初卷［M］．北京：中国人民大学出版社，2013：185－186.

的责任意识，使其通过亲身体验体悟公民与民族国家的内在联系，从“小我”境界升华到“大我”境界，关注社会公共利益，增强国民的民族意识和爱国情感。与此同时，也通过学校的公民自治教育与社会的公民自治教育，在全国营造自治的风气，从而为实现中华民族伟大复兴奠定思想基础。

# 第六章　民国时期公民教育思想的特点

结合民国时期公民教育的发展史，考察以蔡元培、熊子容、袁公为、杨贤江、舒新城、刘湛恩、晏阳初、龚启昌等为代表人物的公民教育思想，总结出民国时期公民教育具有“健全公民的教育目标”“中西结合的教育内容”“多元并存的教育理念”“公民教育观的共和主义倾向”等若干主要特点。

## 第一节　健全公民的教育目标

民国时期的公民教育，从其概念上讲，有着狭义和广义之分。从狭义上看，公民教育着重培养公民的政治理想、政治信念、政治态度和政治立场，使其具备良好的政治素质。从广义上看，公民教育除了培养公民的政治素质之外，也要培养公民的文化修养、经济能力、健康身心等。这是因为，民国时期的教育界人士认识到，一个国家政治文明的形成与社会进步息息相关，而社会的进步则关系到每一位公民的政治素质、文化修养、经济能力、健康身心等。正如熊子容所指出，“如有党员甲君，他关于党方面所发生的一切行为，都是符合党义的；可是他若没有专业，他在社会上的经济能力就没有独立与尊严；可是他若没有人文的修养，他在社会上的社会事业要为他很狭隘的成见所束缚，没有相当的贡献于社会事业的；可是他若因为没有健康的身体，和悦的性情，他在社会上一切的活动，将见其缺乏效能的成绩了”。[1] 可见，欲发展国家政治文明，则必须通过公民教

[1] 熊子容．公民教育［M］．上海：商务印书馆，1933：90．

育培养健全的公民。

那么，何谓“健全公民”？在教育人士看来，从其内涵来讲，主要有“政治素质”“经济能力”“道德修养”三方面。

## 一、政治素质

政治素质是健全公民的基本构成要素。在这里，政治素质主要包括政治认知、政治理想、政治立场、政治行为等，如掌握基本的政治常识、明确基本的政治权利和义务等。舒新城在《新中学教科书初级公民课本》中较集中地介绍了我国的基本政治组织及公民基本的政治权利和义务，这些都是公民应当具备的基本政治常识，也是形成正确政治认知、政治情感、政治行为的基本前提。他认为，公民教育应当引导公民掌握基本的政治常识，使其了解国家组织构成和运作体系。更为重要的是，公民要明确自身依法享有的政治权利和政治义务，这是公民资格构成的核心要素。此外，刘湛恩也强调在公民教育中要引导国民掌握基本的政治权利和义务。他在《公民运动计划》中，提倡国民要依法享有基本的政治权利与公民义务，尤其是公民的政治义务，即“公民要知道国家是我的，全国的人虽然有四万万，我不过四万万中的一个，但是我一定要尽我一个公民的责任，不可放弃”❶。而且，在公民的政治义务中，他着重强调公民的选举义务。选举反映国民的政治参与程度，也关系着民主法治国家的建设。因此他疾呼：“选举不过是公民义务中的一种，其影响之大如此，我们难道还不赶快地研究公民义务，以图挽救国家危险么？”❷ 慎重选举是公民具备良好政治素质的重要表现之一，代表着每一位选民的政治意愿和政治立场。

“我们中国普通的人民，大多不知选举为何物，因此每届选举的时候，便容易受人利用，以至弊端百出，黑幕重重；而议会之不能代表人民，国事之日趋腐败……”❸ 刘湛恩真实描述了近代中国社会民众的政治态度与

❶ 上海理工大学档案馆．刘湛恩文集［M］．上海：上海交通大学出版社，2011：28.
❷ 上海理工大学档案馆．刘湛恩文集［M］．上海：上海交通大学出版社，2011：28.
❸ 上海理工大学档案馆．刘湛恩文集［M］．上海：上海交通大学出版社，2011：74.

行为。即因长期生活在封建君主专制环境中的国民不知道公民权利的神圣，也缺乏必要的政治常识，甚至不清楚处在民主共和制度下作为公民应当具有哪些合法的政治权利与自由，而对行使自身的政治权利与自由的方法则更是无从知晓。鉴于此，教育人士提出，要建立民主共和制，争取民族独立，培养国民的政治素质是重中之重。要引导国民学习政治常识，关注参与国事，在享受公民政治权利的同时依法履行公民政治义务，成为民族国家中的积极公民。

## 二、经济能力

经济能力，可称为职业能力，也是塑造健全公民的基本要素。造就健全的公民，除了要有良好的政治素质以外，也要具备一定的职业能力。正如刘湛恩在《公民研究团办法》中指出："一国之国民，对于政治虽有充分的研究，言之凿凿，一若其为公民之程度，已至十分圆满；然一究其实，个人则懒惰失业，家庭则芜秽不治，社会则百事废弛，虽人人有政治之思想，亦徒托空言而已。"❶ 可见，职业能力是公民能够参与政治事务、提高自身政治素质的经济基础。作为公民，若没有一定的经济基础和经济来源，那么，公民责任则无从谈起。

刘湛恩在《公民研究团办法》中指出："个人之职业家庭与夫一切种种，莫不与国家有密切之关系，则研究公民教育者，固不能仅于政治方面已也。"❷ 现代公民应当是广泛意义上的公民，既要有必不可少的政治素质，也要有获得"圆满生活的训练"，其中公民的职业能力是"圆满生活训练"的基础性内容。公民的职业知识与技能在相当程度上关联着公民的家庭和谐、社会稳定乃至国家发展。公民职业能力是履行公民义务的重要基础。刘湛恩在公民教育中相当注重通过公民研究团研究公民的职业问题，增进公民的职业常识；通过公民演讲、宣传与表演，提升公民的职业观念，认识到职业之于自身发展的重要性；通过公民活动提高公民的职业

---

❶ 上海理工大学档案馆．刘湛恩文集［M］．上海：上海交通大学出版社，2011：12．

❷ 上海理工大学档案馆．刘湛恩文集［M］．上海：上海交通大学出版社，2011：12．

技能。

舒新城在《新中学教科书初级公民课本》中探讨了初中生应当具备的经济常识。他认为，公民不同的经济行为，对社会经济运行和秩序会产生不同的影响，因此，公民教育应当培育公民掌握社会经济生活常识。舒新城从生产、交易、分配、消费四个方面对经济生活进行了详尽的阐述。第一，作为生产的主体，公民的需求是生产的动力。为满足需求，公民应当合理利用资源，努力工作，提高生活水平。第二，作为交易的主体，公民应当明确价值、货币、信用的内涵等。第三，作为分配的主体，公民应当了解“不等分配”的现象，明确工资、利、息、租的含义及分配。第四，作为消费的主体，公民应当学会合理消费、节省开支。总之，公民在经济生活中扮演着主体角色。公民教育应当积极引导公民充分发挥“第一要素”的作用，积极参与经济生活，享有和履行经济权利与义务。

袁公为在《公民教育概论》中，详细辨析了公民教育与职业教育之间的联系与区别。他认为，公民教育与职业教育之间存在着紧密联系。首先，职业教育中蕴含着一定的公民精神。任一公民，作为国家与社会的一分子，在职业生活中要具有敬业奉献精神，创造出一定的社会物质财富，也使自身的素质获得全面发展。事实上，工作的过程就是公民教育的过程，在工作中养成一定的职业能力，培养一定的敬业精神，提升公民的思想境界。其次，职业教育需要公民教育。从事任何一种职业，都要在一定的社会团体中发挥自身的价值和意义。若要实现整体利益的最大化，构建和谐的工作氛围，则需要较强的责任意识、团体意识、公共精神，相互信任、彼此合作。因此，职业教育需要公民教育。与此同时，公民教育与职业教育在教育领域、内容、途径、方法、目标方面也存在明显差异。如职业教育是以培养公民的职业知识、职业技能为专职，而公民教育则致力于使个人成为团体生活中有效的一员，培育公民的责任意识、公共心等。两者终究不可相互替代。

经济能力是公民立足社会、发展自我的重要基础。公民的经济能力是其他方面素质，如政治素质、文化修养、健康身心的重要前提条件。试想，若公民没有一定的职业能力，缺少基本生活的经济来源，那么，其他素质的发展只能限于空谈。基于此，民国时期教育界人士着眼于培养健全公民，注重培育公民的职业能力，通过公民教育激发公民内在的潜能，掌握立足社会的本领，提升自我价值，创造社会财富。

## 三、道德修养

良好的道德修养也是民国时期教育界人士所主张的“健全公民”的题中应有之义，主要包括公民道德与公共道德，既注重公民自身养成良好的道德品质，也强调培养公民对社会、民族、国家乃至世界的公共道德品质。袁公为在《公民教育概论》中指出，“公民”一词中的“公”字，意味着没有自私自利、独善其身的观念与行为，能够有效率地从事各种社会事务。[1] 在这里，他指出了公民所应具有的公德心、社会责任感等道德品质。舒新城也在《新中学教科书初级公民课本》中重点阐述了健全公民在家庭、学校、社会、国家、世界层面的良好道德修养。他指出，公民自出生起，就不可避免地与家庭、学校、社会、国家乃至世界发生着千丝万缕的联系。公民作为其中一员，应当正确处理自身与这些团体之间的关系，承担团体责任与义务。在公民道德层面，公民应养成诚实的品质、较强的自制能力、勤劳的生活习惯、精敏的办事风格。在家庭生活中，夫妻应彼此平等、相互扶持，共同维系家庭和谐；父母应尊重子女，承担抚养与教育义务；子女应关爱父母，承担赡养与扶助的义务。在学校生活中，公民应尊敬师长、爱护学校、服务同学。在社会生活中，公民应改变在传统封建社会中“一盘散沙”的生活状态，提高自身的组织力和团结力，养成公共服务精神，“无论在国家政治活动中，或在游戏团体活动中，都要牺牲各人性质上的异点，而认定若干可以共同遵守的规则”[2]。公民应改变在中国传统封建社会中对社会事务“事不关己，高高挂起”的态度，树立社会责任意识，“遇着团体事业，倘若被人推选为作什么事，固然不当推诿……应当尽个人的力量，切实谋团体的发展”[3]。在国家生活中，公民要善待自己

---

[1] 袁公为. 公民教育概论［M］. 贵阳：文通书局，1942：12.

[2] 舒新城. 新中学教科书初级公民课本：卷三［M］. 上海：中华书局，1926：74.

[3] 舒新城. 新中学教科书初级公民课本：卷三［M］. 上海：中华书局，1926：76.

的国家，善待世界上其他的国家，努力培育自身的爱国心，维持国家的稳定与和谐，谋求全人类的幸福。尤其是在中华民族濒临内忧外患、积贫积弱的时代背景下，培育公民对民族国家的高度责任意识，具有积极的意义。在公民与世界的关系上，任何国家的公民都是世界的一分子，因此，公民应维护和平的国际关系，坚决摒弃狭隘的爱国主义情感。

民国时期的教育界人士主要从公民与社会团体之间的关系角度，阐述了健全公民不仅要有良好的个性品质，也要有公共意识和公德观念，着重强调公民的社会公德，强调公民对社会团体的责任与义务，这是健全公民在道德修养方面的目标要求。此外，也需要指出的是，民国时期教育界人士养成健全公民的教育目标的视域中，除了上述已提到的政治素质、经济能力、道德修养三大方面外，还涉及“健康身心”“勤勉好学”“文化素质”等方面，这些方面也是健全公民的题中之义。

## 第二节　中西结合的教育内容

近代意义上的公民教育是经由西方传入中国的舶来品，是西方近代社会环境与文化的产物。因而民国时期教育界人士在公民教育研究中，并非盲目地照搬照抄西方的公民教育，而是在立足中国文化传统与社会现实的基础上，创造适合中国社会发展需要的公民教育。如有一些教育界人士提出，“德国公民教育之思想，不可完全移植于我国”“我国当研究创作我国特殊之公民教育而努力实施之”[1]“无论什么美国的，德国的……公民学都不是我们的公民学。我们的公民是要在中国社会里作公民的，是要在二十世纪的新中国里作公民的。培养好公民，便是培养好国民，便是培养国本”。[2] 他们从实际出发，借鉴吸收国外公民教育良好经验，致力于探索具有中国特色的公民教育发展道路。

[1] 天民．德国之公民教育［J］．教育杂志，1916（8）．

[2] 金崇如．中学公民教育之改造与实施［J］．中华教育界，1926（6）．

## 一、借鉴国外公民教育经验

在民国时期的公民教育研究中，教育界人士主要借鉴美国、德国、法国、苏联等国家的公民教育理念、经验与成果。据现有统计，民国时期翻译出版的国外公民教育著作主要有法国学者贝尔著，华南奎译述的《法国公民教育》（商务印书馆 1912 年版）；美国学者马维克、斯密司著，苏锡元翻译的《公民鉴》（商务印书馆 1914 年版）；美国学者哈朴著，郑群彦编译的《苏俄公民训练》（青年协会书局 1934 年版）；美国学者可索克著，金澍荣、黄觉民翻译的《德国公民教育》（商务印书馆 1937 年版）等书目，以及《德公民大会之奇绩》《美国公民教授之现状》《美国中学所组织的中学少年公民养成团》《欧美公民科之教育》《苏联的公民教育》《苏联的公民权》《苏联公民基本权利和义务检讨》《新德意志之公民训练》《述美国公民自治制》《英国公民的思想与教育》《意大利公民训练》《德国公民教育》《新俄成人公民教育》《法兰西之公民教育》等近百篇期刊论文，较为详尽地介绍了国外公民教育的理念、内容、方式、方法等，足见当时民国时期教育界传介西方公民教育的一般情形。

### （一）法国公民教育

法国是现代公民教育思想的发源地。在法国大革命时期，法国资产阶级为摆脱中世纪封建专制制度和封建神学思想的统治，主张天赋人权，张扬人性和人的主体地位，宣扬自由、平等、博爱理念，崇尚公民权利，倡导法治观念，以公民的法律地位平等学说来反对封建贵族的等级特权观念，以宣扬“天赋人权”反对“君权神授”，崇尚公民权利。这些新理念是西方资产阶级在反对封建君主专制体制、建立和巩固资本主义制度斗争中的思想政治文化利器，也是社会发展进程中资本主义政治文明的重要成果。这些先进的理念随着西方殖民主义的入侵逐渐传入中国，对我国一些有识之士产生了一定的思想启蒙。他们结合近代中国社会背景，提倡塑造新国民，且通过倡导公民教育引入自由、平等、博爱观。如蔡元培对自由、平等、亲爱观念的推崇，把三种理念界定为公民道德的要旨❶；杨贤江倡导中国青年树立“政治观”，培养青年的政治参与意识；刘湛恩结合近代中国军阀混战的社会现实提倡国人树立“法治观”；舒新城关于“公民权利义务观”的提倡等。这些新思想都在某种程度上源于法国公民教育思想，对国人在思想与行动上摆脱封建专制思想束缚、启发民智、推进中国社会的现代化转型发展意义重大。

## （二）美国公民教育

19 世纪末 20 世纪初，美国约翰·杜威的教育理念对民国时期教育界产生了不可忽视的影响。自鸦片战争后，西方文化随着西学东渐的过程涌入中国，加速了传统中国社会民主意识的觉醒。其间，美国教育家约翰·杜威的教育思想在当时的教育界广为传播，主要以演讲的方式宣传民主教育理念，广泛涉猎教育哲学、社会教育、学校教育、平民教育、学生自治、教师职责等主题演讲，发表于《教育部公报》《新教育》《教育杂志》《中华教育界》《教育潮》等刊物上，对我国公民教育的产生与发展起着推动作用。正如胡适在《杜威先生与中国》一文中曾写道：“自从中国与西洋文化接触以来，没有一个外国学者在中国思想界的影响有杜威这样大。”❷在杜威的民主教育思想中，教育是实现民主社会的重要手段，而这样的教育注重社会化、灵活性、创造性、实用性，通过传递资源、扩大交流、改进经验、启迪智慧等方式，加强与社会间的联系，适应社会生活，为社会服务。如他在苏州发表关于“学校与社会”的演讲中指出：“教育的基本观念，教育目的、方法，都须为全社会的，合于社会一切生活状态的。这是近今新教育的趋势。”❸ 在这种民主教育思想的指引下，公民具有共同生活能力、独立的经济能力、必要的法律常识，能走出狭隘的情感而代表团体利益，产生具有社会意义的公民个体行为。

蔡元培、熊子容、袁公为、刘湛恩、舒新城、杨贤江、龚启昌等教

---

❶ 高平叔．蔡元培教育论著选［M］．北京：人民教育出版社，1991：2－3.

❷ 葛懋春，李兴芝．胡适哲学思想资料选：上［M］．上海：华东师范大学出版社，1981：181.

❸ 单中惠，王凤玉．杜威在华教育讲演［M］．北京：教育科学出版社，2007：160.

育人士深受杜威民主教育思想的影响。如蔡元培在《新教育与旧教育之歧点——在天津中华书局“直隶全省小学会议欢迎会”上演说词》中提倡杜威的民主教育思想，主张教育应发展学生的个性，避免整齐划一；崇尚自然，避免墨守成规；加强学校教育与社会间的联系❶，注重理论在实际生活中的应用，增强理论的实践效果。熊子容的公民教育也渗透着杜威的教育社会化思想。如他主张公民教育意义在于培养健全公民以促进社会发展；公民教育是构建民主社会的重要手段等。❷ 刘湛恩在《欧美教育之新趋势》《近今美国之教育运动及其民众对于国外宣教事业的态度》等文中提到，19 世纪至 20 世纪间，欧美各国已经出现“学校即社会”的呼声，学校教育紧跟社会现实和发展需要，不单要适应社会，也要改造社会，且注重运用科学方法，实施实验教育。❸ 可见，刘湛恩所接触到的欧美教育实质上正是流行于 19 世纪至 20 世纪的杜威的民主教育思想，其强化学校教育与社会间的联系，师生间平等相待、教学相长，注重体验教育、实验教育，积极营造一种能够解决社会实际问题的、气氛活跃的、形式丰富的民主教育模式。舒新城于求学期间，为革新教育广泛涉猎 19 世纪末 20 世纪初西方教育理论。如：研读桑代克的《教育学》与《教育心理学》、杜威的《民主主义与教育》、詹姆士的《小心理学》等，对西方教育学理论有着浓厚的学习兴趣。如他回忆说：“有如哥伦布之发现新大陆，当时精神上愉快自不可言，而求知的欲望则发展至于极点，只恨我不能将整个的时间，都放在图书室里。”❹ 可见，舒新城也接触到美国的民主教育思想。杨贤江推崇公民自治教育，主张通过自治培养学生的独立精神、团体意识，提升自身在团体生活中的责任意识，与杜威的民主教育思想相得益彰。龚启昌在《公民教育学》中关于公民教育目标的探讨借鉴了杜威的公民教育目标的观点，即主张健全的公民应当是公民教育的培养目标。在杜威看来，培育好公民是公民教育的目标，且“好公民”不但要有政治素质，也要在社会生活、经济生活上具有过硬的素质和能力。

---

❶ 高平叔．蔡元培教育论著选［M］．北京：人民教育出版社，1991：155．

❷ 熊子容．公民教育［M］．上海：商务印书馆，1933．

❸ 上海理工大学档案馆．刘湛恩文集［M］．上海：上海交通大学出版社，2011：146－148．

❹ 舒新城．我和教育［M］．上海：中华书局，1946：153．

### （三）德国公民教育

在近代德国，集公民教育思想之大成者当属乔治·凯兴斯泰纳。19 世纪末 20 世纪初，教育理论家和改革家凯兴斯泰纳的国民教育思想在德国以及西欧影响甚大，可称为当时的主流教育思想。究其原因在于，“二战”后的德国重整旗鼓，建立民主共和政体，国家政权掌握在人民手中。因而培养在知识、政治、经济、道德方面具有坚定意志和高尚情操的有为公民是当时国家发展所迫切需要的。如凯兴斯泰纳所说：“凡是国家权力掌握在人民手中的地方，在那里，只有当全体人民都学会以国民的身份去感受、去思维并且去行动时，才会有一个健康兴旺的国家出现。”❶

凯兴斯泰纳的国民教育，也称为国家社会主义教育，其中心思想旨在通过国民在思想素质和职业技能上的完善从而更好地服务国家。具体地讲，通过学校的劳动教育，培养公民在遵守法律、服务国家、承担义务等方面的自觉性和主动性，使其逐渐养成法制意识、国家观念、义务观念、责任意识等良好的道德品质，以期捍卫国家利益、巩固德国的民主共和制度。其国民教育相比较于权利教育来讲，更侧重义务教育，强调履行义务在享有权利之先。只有认清自身应当履行的义务的人，才有资格谈论其所应充分享有的权利。凯兴斯泰纳国民教育中的“国民”，实为“公民”，能够摒弃成就“小我”的自私自利思想，而以“大局”意识、高度负责的情感捍卫国家利益，保证国家能够朝着法制与文明的方向发展。公民需要具备几种重要能力：一是必须深刻地掌握国家组织构成、主要任务、基本国情等基本政治常识；二是遵守国家、地方的法律，依法办事，捍卫法律尊严；三是具备职业能力和经济能力；四是具有国家主流价值观——公正、守法、忘我、友爱等。此外，他的公民教育的具体实施方法主要有两种，一种是进行职业教育，加强职业训练，培养国民的职业技能；二是开展道德训练，培养国民的爱国、忠诚、服务意识。

凯兴斯泰纳的公民教育思想对民国时期教育界人士产生了较大影响。

---

❶ 凯兴斯泰纳. 凯兴斯泰纳教育论著选［M］. 郑惠卿，选译. 北京：人民教育出版社，2004：206.

据现有资料显示，从1913年开始，凯兴斯泰纳的公民教育思想在当时主要的教育期刊及著作上予以刊发传播，诸如朱元善的《德国之公民教育》（《教育杂志》1916年第8卷第7号）、朱元善的《公民教育问题》（《教育杂志》1914年第5卷第10号）、朱元善的《公民教育论》（《教育杂志》1916年第8卷第5号）、曾在干的《略论公民教育》（《教育杂志》1928年第23卷第2号）、袁公为的《公民教育概论》（文通书局1942年版）等。袁公为、朱元善赞同凯兴斯泰纳关于公民教育与其他教育间的关系及公民教育内涵的观点。在凯兴斯泰纳看来，公民教育并非等同公民知识教学、社会经验、政治教育、经济教育、职业教育等，而是通过培育良好道德品质居于其他教育的核心地位。袁公为、朱元善分别在专著《公民教育概论》和《公民教育论》中对该观点予以吸收借鉴。❶ 朱元善也在《公民教育论》中介绍了凯兴斯泰纳关于公民教育的实施困境、教育目的的观点。其中，凯兴斯泰纳生活的德国，正值资本主义经济快速发展、社会分工日益明确的时期，这在极大丰富社会物质财富的同时，也将国民职业化，主要有“无学者”“半开者”“学位者”“贵族”“文学家”“艺术家”之类，他们或是对教育问题漠不关心或是不喜欢与平民分享自己的权利和义务或是由于职业的缘故不关注社会现实问题。因此，在这种经济发展形势下所形成的社会明确的分工环境，易于导致人们滋生个人主义和利己主义，他们各司其职，只关心个人利益、自由与权利，从而忽略了国家整体生活。这在相当程度上阻碍着公民教育的实施，影响着公民教育的实际效果。关于公民教育的目的问题，在凯兴斯泰纳看来，其旨在培养公民能够为保全公共利益，尤其是国家利益，甘愿放弃“私”利，成为公共团体中有效的一分子。即“公民教育之职务，惟在使公民直接或间接、意识的或无意识的、渐次接近道德的公共团体之理想”❷。曾在干在《略论公民教育》中提出，凯兴斯泰纳可称为“公民教育论者的权威”❸。且着重阐述了凯兴斯泰纳的劳作教育思想，指出公民教育目标的实现并非仅通过职业教育、技术

---

❶ 凯兴斯泰纳．凯兴斯泰纳教育论著选［M］．郑惠卿，选译．北京：人民教育出版社，2004：216－227．

❷ 天民．公民教育论［J］．教育杂志，1916（5）．

❸ 曾在干．略论公民教育［J］．教育杂志，1928（2）．

教育、知识教育，而要在劳作学校，通过以手工为中心的团体劳动培养职业技能的同时，注重养成“勤勉”“忍耐”“注意力”“自制心”“奉献”等良好道德品质[1]，强调发挥受教育者的主体能动性，将知识转化为实际的行动，挖掘个人潜能，对国家尽职尽责。

### （四）苏联公民教育思想

根据现有资料显示，民国时期教育界人士对苏联的公民教育资源的引介也是较为丰富的。主要有美国学者哈朴著由郑群彦编译的《苏俄公民训练》（青年协会书局1934年版）、郑一华的《新俄成人的公民教育》（《教育杂志》1931年第23卷第8号）、李万居译的《苏联的公民教育》（《时事类编》1935年第3卷第19期）、《苏联的公民权》（《新论坛》1937年第1卷第1期）、张国安的《苏联公民基本权利和义务检讨》（《时事月报》1936年第15卷第3—5期）、巴歇尔·斯特尼克的《苏联公民有工作权》（《友谊半月刊》1948年第3卷第4期）、《苏联公民有休息权》（《友谊半月刊》1948年第3卷第4期）及《苏俄公民训练》（《消息》1934年第7卷第8期）等，其中涉及苏联公民训练的主要特点、内容、方法、途径等问题，在一定程度上反映出民国时期教育界学者们对苏联公民教育的借鉴程度。战后的苏联如何在社会主义制度下实施公民教育，借以摆脱原有的封建专制统治，强化国民的政治观念，是值得深陷深重民族危机的近代中国所吸收借鉴的。正如郑一华在《新俄成人的公民教育》中提道：“革命后的俄国，它的基础是立在一个新政治思想新社会观念的上面，所以俄国现在竭力于培养一种新公民，以藉适应它所欲达到的新社会；一方面不遗余力地提倡成人教育来破坏人民的旧思想、旧习惯、旧观念，以改造当代的成人。它施于成年人身上那一套公民教育更是值得中国借鉴。”[2]

综合上述苏联公民教育的资料，我们可将苏联公民教育的主要特点归结为五方面：

一是战后苏联的公民权较为集中。在美国学者哈朴著的《苏俄公民训

[1] 曾在干．略论公民教育［J］．教育杂志，1928（2）．

[2] 郑一华．新俄成人的公民教育［J］．教育杂志，1931：23．

练》一书中，马克思主义的阶级原则是苏维埃制度下公民权的决定因素。在阶级上占有绝对优势的群体，在选举制度上也享有绝对的优势地位。因而主要由工人阶级组成的共产党在公民权上占有绝对的优势，处于政治的领导地位，具有公民资格，有着较高的公民责任感，是其他公民的表率。即与选举制度有着直接联系的公民权也因为阶级地位和经济利益的不同而各有差异。由于社会制度的社会主义性质，苏维埃的选举权只限定在劳动阶级，资产阶级没有选举权。此外，如农村中的商人、店主、新经济政策时担任高级官僚或在贵族的阶级机关任职的人等也是不能参与苏维埃选举的。总之，在苏维埃，那些对他人进行劳动榨取的人都被剥夺了公民选举权。此外，苏维埃公民的第一资格是生产规模，具有公民权资格的人必须是参加了苏维埃工业或农业实际生产的人。由此可见，苏维埃的公民权与两个关键因素有关，一方面是经济地位，或也可以认为与是否直接参与生产紧密相关；另一方面是与阶级的无剥削性有关。苏维埃的公民权的社会主义性质十分明显，与经济因素密不可分。

二是苏联公民依法享有的基本权利与义务是相伴相生的，在享有公民权利的同时必须履行相应的义务。根据苏联宪法的规定，苏联公民依法充分享有工作权、受教育权、休息权、平等权、自由权、参加团体的权利等，且工作权是公民享有的首要权利，也是保证享有其他权利的前提和基础。从这里，我们可以发现，苏联的公民权利是与经济生活紧密联系的。只有保证了公民的工作权利，公民才有充分的劳动机会和热情参加苏联社会主义建设，创造出更多的社会物质财富。这是在苏维埃政权刚刚成立时，大力发展国家经济，提高人民生活水平的反映和要求。与此相对应，苏联公民也依法享有守法、服兵役等义务，使广大民众成为保卫国家公共财产、遵守法律、建设社会主义苏联的强有力的后盾。

三是苏联公民训练的目标在于培养为建设社会主义甘愿奉献的集体主义者。从哈朴的《苏俄公民训练》中可以了解到，苏维埃的公民教育以马克思主义、列宁主义为指导，其目标是培养集体主义者。如他写道："在苏维埃公民权概念中，公民的第一准则就是坚强而积极的革命的共产主义战斗员。”“苏维埃的未来公民必须是集体主义者。”[1] 如当时的苏联教育家苏霍姆林斯基、马卡连柯等，也都重视集体在公民教育中的积极作用，主张个人只有在集体中才能充分地发挥他们的潜能，发展他们的知识、情感、意志、品质、行为等。

四是在全社会范围内实施公民教育。据郑一华介绍，读书馆、“列宁纪念室”、研究会、识字处、成人学校、无线电广播、博物馆、电影院、党务学校均成为当时社会主义苏联在乡村、都市、军队实施政治训练的基本场所。根据1925—1926年统计的苏联实施政治训练的机关数量的参与人员显示，“灌输政治知识的学校或简易科有六千二百六十三处，入学人数有十五万九千二百三十二；党务学校有一百六十八所，入学人数有一万八千九百六十一；共产党专门学校九所，入学人数有五千零二十四人”。[2] 其重视公民教育的程度可见一斑。与此同时，郑一华也介绍了政治训练的方法与内容。关于苏联的政治训练方法主要有：其一，通过演讲的方式，灌输国内外重大时事。如“国内最重要的政治事件”“国际间最重要的政治事件”“政府最重要的方针”“地方社会最迫切的问题”等都会一步一步系统地灌输到民众身上。其二，注重选取与民众切身利益息息相关的教育材料，积极引导民众自主参与，“无论宣传也好，研究也好，宣传和研究的材料总是使之愈具体愈能引起兴趣愈为妙”[3]。其三，开展系统的政治教育。如当时的识字学校、初等程度的成人学校、中等程度的成人学校、简易科、党务学校就是实施政治训练的教育机构。在这些学校中，也注重引导成人学生发挥积极主动性，重视实验参观。

五是识字教育是苏联实施公民教育之前的基本工作。第一次世界大战后，苏俄通过实施公民教育，改造国民在专制封建制度下形成的旧思想、旧习惯、旧观念，大力培育服务建设社会主义的新国民。但社会主义国家苏联在成立初期，不识字的人口占到了全国总人口的68%，因而欲使国民能够参与政治，扫除文盲成了当时的一项基本工作。诚如列宁所说：“文

---

[1] 哈朴. 苏俄公民训练［M］. 郑群彦，编译. 上海：青年协会书局，1934：13.

[2] 郑一华. 新俄成人的公民教育［J］. 教育杂志，1931：23.

[3] 郑一华. 新俄成人的公民教育［J］. 教育杂志，1931：23.

盲是处在政治之外的。"[1] 社会主义国家需要文化程度高的民众来建设，文盲的、不开化的民族是不能建设社会主义的。实施识字教育，扫除文盲，是苏联进行民众政治训练、改善国内文化事业的基础。鉴于这一基本现实，苏联政府联合当时的小学教员，实施义务教育，成果颇为显著。据统计，1934 年的苏联，国内已经有两千四百万的儿童进四级制的初等小学校读书。初等学校与中等学校占了半数的女子，而在帝制时代则仅有四分之一而已。国内已有七十万小学教师，妇女逐渐踏进高等教育方面。1935 年的苏联，国内能够阅读、识字的民众已经占到了总人数的十分之九。[2]

此外，也涉猎英国、意大利、日本、瑞士公民教育思想。如范寿康的《日本公民教育》（商务印书馆 1937 年版），布鲁克斯著、鲁继曾译的《瑞士公民教育》（商务印书馆 1937 年版），叶岛的《英国公民的思想与教育》（《教育通讯》1946 年第 2 卷第 8 期），炘炎的《意大利公民训练——忠顺政府心理的建树》（《汗血周刊》1937 年第 8 卷第 19 期），等等。

## 二、继承中华民族传统美德

中华民族优秀传统道德文化是我们取之不尽、用之不竭的思想瑰宝。如梁启超在《新民说》中指出："新之义有二：一曰淬厉其所本有而新之；二曰采补其所本无而新之。二者缺一，时乃无功。"[3] 其中，"淬厉本有"是指提取蕴含在中国传统文化中的积极因素，重新诠释，继承发扬。民国时期教育界人士视域中的公民教育，除了吸收借鉴西方公民教育思想，引入自由观念、平等观念、政治观念、法治观念、权利义务观念外，也理性地继承了中华民族传统美德，挖掘传统美德对于改造国民性的积极意义，以增强国人的民族观，树立坚定的民族信念。综合来看，民国时期教育界人士对我国传统道德思想的借鉴主要表现在私德教化方面，如加强自我修养、忠孝思想、仁爱观念、自强精神、责任意识、诚信观念等。这些优秀

---

[1] 在全俄政治教育委员会第二次代表大会上的报告．新经济政策和政治教育委员会的任务（四）［M］//列宁全集：第 42 卷．北京：人民出版社，1996：180－201．

[2] 李万居．苏联的公民教育［J］．时事类编，1935（3）．

[3] 梁启超．新民说［M］．桂林：广西师范大学出版社，2012：4．

的道德文化日久弥新，具有强大的生命力和影响力，成为民国时期教育界人士公民教育的题中应有之义。

蔡元培在《中学修身教科书》中强调："凡事都有轻重先后，道德的要求，每个人都应该去履行，但人们实行的办法却不能没有先后，其中，最重要的事情就是自我修养的方法。"[1] 可见，在蔡元培看来，加强自我修养是道德教育中最为重要的内容，这正是结合了我国传统文化中的"慎独""自省"的道德教育方法，讲究受教者善于从自身发现问题，加强自我反省，做到"吾日三省吾身"，不断提升自我教育与修养。在该书中，蔡元培也较详细地阐述了公民在健康、礼貌、勤勉、自制、勇敢、修学、修德、交友、从师方面的基本道德准则与行为规范，这些优秀的个性品质也充分体现了我国优秀传统道德教育的部分内容。如此，既贴近中国民众心理，使民众易于接受这些道德要求，也不断发扬我国优秀的传统道德文化。此外，蔡元培在《对于教育方针之意见》一文中也从我国传统道德角度阐述了"自由、平等、亲爱"的公民道德内涵。他指出："何谓公民道德？曰法兰西之革命也，所标揭者，曰自由、平等、亲爱。道德之要旨，尽于是矣。"[2] 蔡元培公民道德教育内容吸收借鉴了法国大革命中所宣扬的资产阶级道德观念——自由、平等、亲爱，且从中华民族传统美德上对自由、平等、亲爱进行了概念诠释。关于自由，在这里主要指的是思想上的自由，如蔡元培所说，"所谓自由，非放恣自便之谓，乃谓正路既定，矢志弗渝，不为外界势力所征服"。[3] 它与中华民族传统文化里的"义"意思相近，蕴含着"富贵不能淫，贫贱不能移，威武不能屈"的大无畏精神，不受宗教、风俗的束缚和左右，讲究个体身心的完全自由，且以良心为准绳，尊重他人的自由，不能将个人自由建立在他人不自由的基础上。这相对于我国两千多年的封建传统专制的君为臣纲、父为子纲、夫为妻纲，培养顺民、臣民意识而言，是时代的进步、思想进步的体现。蔡元培将平等界定为"己所不欲，勿施于人"，与中华民族传统文化中的"恕"意思相

---

[1] 蔡元培. 中国人的修养［M］. 北京：中国工人出版社，2008：95.
[2] 高平叔. 蔡元培教育论著选［J］. 北京：人民教育出版社，1991：2.
[3] 蔡元培. 中国人的修养［J］. 北京：中国工人出版社，2008：297.

通，意味着人生而平等，自己所厌恶的事，就不要再强加给别人，人与人之间应当相互尊重，彼此宽容。蔡元培认为，亲爱主要是指“己欲立而立人，己欲达而达人”，与我国传统文化中的“仁”思想相通，意味着具有同理心，能够体恤弱势群体、关爱幼小。[1] 总之，蔡元培结合近代中国社会的新变化与新要求，立足中国传统优秀文化，借鉴西方先进道德理念，试图创造全新的、符合时代发展要求的道德教育体系。

熊子容在《公民教育》中，论及学校公民教育在道德方面的培养目标时指出，中国公民教育应当立足社会现实，制定统一的教育目标，以提升其实效性和影响力。其中在道德方面，要培养公民树立忠孝、仁爱、信义、和平观念，做到尊重公事、遵守秩序、爱护公物、服从真理、诚意合作。[2] 从这里，熊子容关于学校公民道德教育目标要求融合了中西道德教育，在鼓励继续发扬“忠孝”“仁爱”“信义”“和平”等传统道德理念中私德意识的同时，也引入“尊重公事”“遵守秩序”“服从真理”“诚意合作”等公德意识，丰富了我国传统道德教育内容，开阔了国人的视野，提升了对国人的道德素质规范与要求。其中，“忠孝”“仁爱”“信义”“和平”均属于中华民族传统美德范畴。这些传统美德在我国新的历史条件下，在处理人与人、人与社会的关系，培养良好的公民道德修养方面仍具积极意义。

袁公为在《公民教育概论》中，也曾讨论过公民教育在道德方面的目标要求，其中也包含了我国丰富的传统道德教育思想。如在小学公民道德教育目标上，结合小学生的身心特点和认知程度，侧重培养他们“敏慎”“负责”“诚实”“忠勇”“孝敬”“仁爱”“守礼”“好义”“知耻”[3] 的道德品性。又如，在初级中学公民道德教育方面的要求有：“使学生了解我国固有道德之意义，及实施新生活运动之规律，确定复兴民族之道德的基础”“体验群己关系，养成立己合群之善良品性”[4]。从中可发现，在公民道德方面，袁公为对初级中学生也有“了解我国固有道德意义”的要求，

[1] 于玲玲．蔡元培公民道德教育思想研究［J］．成人教育，2015（8）．

[2] 熊子容．公民教育［M］．上海：商务印书馆，1933：96

[3] 袁公为．公民教育概论［M］．贵阳：文通书局，1942：180．

[4] 袁公为．公民教育概论［M］．贵阳：文通书局，1942：193．

且将“了解我国固有道德意义”摆在继承和发扬民族优秀道德的基础位置。再如，在高级中学公民道德教育目标有：“社会服务精神”“明了人生之意义，启发其自觉心，以确定其人生观并养成其对于复兴民族之责任心”❶。随着身心发展日益成熟、认知水平逐渐提升，高中学生要认识到公民个人对民族国家的重要责任，在个人人生观方面树立责任意识，也体现了对中华民族传统美德中责任意识的继承与发扬。

龚启昌在《公民教育学》中，在学校公民道德教育目标问题上，初步拟定了幼稚园、小学、中学的公民道德教育目标，也广泛涉猎中华民族传统美德。如他在幼稚园公民教育的目标中指出，“发展幼稚儿童良好之公民德性——如能自制、遵守秩序及顾及他人等”❷，主要侧重培养儿童自制能力和集体意识，养成基本道德品质。在小学公民教育目标问题上，主要分为初级小学公民教育目标和高级小学公民教育目标。其中，初级小学生的道德要求有四点，分别要求他们“在对人对事态度上发展亲爱、精诚、互助合作之德性”“具有爱护所属团体的精神”“能爱护本乡事务以及崇敬乡贤”“能崇敬国家象征，明了伟人事迹，留心重要时事”；高级小学生要养成“在为人处世方面有勇敢刚毅精神”“礼义廉耻的观念”“了解人类生活间的联系，培养平等互助观念”❸，侧重增进学生对本地区、民族、国家的基本认知及平等互助观的培育。在中学的公民道德教育问题上，也有初级中学目标和高级中学目标之分。其中，初级中学的公民道德教育目标有“知道人生的意义与目的”“具有人类互助的信念”“具有征服自然与利用万物能力的信念”“为地方服务的精神与能力”，侧重树立对本地区、本民族、本国家的责任意识与服务意识。高级中学公民道德教育目标有“知道我国伦理思想之大要，乃我国固有道德之优点，并能体认而力行之”“具有自信信道之精神，自治治事之技能，自育育人之态度，自卫卫国之意志”“遵守新生活运动纪律之意愿与服从青年守则之精神”“具有高远之人生理想，及继承之服务精神”❹，进一步强调了责任意识、服务观念、自

❶ 袁公为. 公民教育概论［M］. 贵阳：文通书局，1942：193.
❷ 龚启昌. 公民教育学［M］. 南京：中正书局，1947：222.
❸ 龚启昌. 公民教育学［M］. 南京：中正书局，1947：225－231.
❹ 龚启昌. 公民教育学［M］. 南京：中正书局，1947：245－256.

制能力等中国传统伦理道德思想。由此可见，从幼稚园的公民道德教育到高级中学的公民道德教育均饱含着我国丰富的传统美德，应该继续发扬传统美德在育人方面的积极作用。

俞吾金在论及当代中国文化的出路时强调："既要接受外来文化中蕴含的普世性价值，用以推进中国的现代化建设事业，又要继承中国传统文化中富有智慧和价值的因素，从而对现代化的理念做出必要的修正。"[1] 这一认识正契合民国时期教育界人士对公民教育的研究态度。即立足中国社会现实，理性看待中华民族传统道德，既结合时代变化深刻反思传统道德教育思想的缺陷与不足，也摒弃其中不符合时代发展的封建思想和落后观念，继承在新的历史条件下仍具生命力与影响力的优秀成分，且进一步融合西方近代公民道德教育思想中的合理成分，开创中国近代新型的公民道德教育体系。这些对于塑造适合时代发展的新型国民，促进我国道德教育体系的丰富与发展具有积极意义。

## 第三节　多元并存的教育理念

通观民国时期教育界人士的公民教育，其指导思想主要包括马克思主义、民主主义、"三民主义"、基督教教义等，呈现鲜明的多元化特点。西方的公民教育要依据何种思想来指导，使其能够解决中国社会问题，是当时教育界有识之士不断探索和思考的主要问题。基于此，诸多教育界人士结合中国国情和社会现实，以及自身的学识与经历，分别依据马克思主义、民主主义、"三民主义"、基督教教义等，积极探索中国公民教育。

### 一、马克思主义

以马克思主义为指导思想的公民教育家有杨贤江、范寿康、钱亦石、恽代英等。

---

[1] 俞吾金．当代中国文化的内在冲突与出路［J］．浙江大学学报（人文社会科学版），2007（4）．

杨贤江运用马克思主义立场、观点和方法阐述教育问题，著有《教育史ABC》《新教育大纲》以及三百多篇关于青年和教育问题的论文、一百多篇通讯、一千四百多则答问，对马克思主义教育思想在中国的传播起到了重要的启蒙作用，曾被当时的中央教育科学研究所所长董纯才誉为“我国马克思主义教育理论的一位先驱者和奠基人”。[1] 他在《教育史ABC》中运用马克思主义的历史唯物主义观点论述了教育发展历程，深刻揭示了教育的变迁和本真面目。他在该书结论中指出：“故人类历史自入于文明期，即社会有了阶级以来，教育总是阶级的，为供支配阶级‘御用’的；无论重道德（在封建时代）或重知识（在资本主义时代），都为了支配阶级的利益……而男女教育机会之不平等，所有权与教育权之姻缘，理论与实践之隔离，‘御用学者’之出现与‘学问’之为贵族性，皆是文明社会之特征。教育原为求生之手段，为帮助生活发展之工具，目的在保存种族，性质本是全社会的……”[2]《新教育大纲》是继《教育史ABC》之后，杨贤江编写的一部系统地用马克思主义观点研究教育现象、探索教育规律、阐明教育理论的著作。杨贤江在书中以马克思主义为指导系统阐述了教育与社会经济的内在关联。他指出，社会经济生活是现实基础，而法制、政治、宗教、艺术、哲学等，是作为现实基础之上的观念形态。教育作为“观念形态的劳动领域之一”，与社会的生活过程、物质的生产关系紧密联系，并以现实的社会经济生活为基础，随着现实的经济关系变化而变化。而且，教育不仅根植于现实社会经济生活，也最终服务于社会经济生活，它赋予社会劳动力在技能或品格方面的特殊资格，是帮助人们营造社会经济生活的手段之一。[3]

作为我国早期马克思主义宣传者，范寿康在1913—1923年日本留学期间，开始接触马克思主义唯物论。1921年撰写《马克思的唯物史观》，系

[1] 中央教育科学研究所，厦门大学．杨贤江教育文集［M］．北京：教育科学出版社，1982：1.

[2] 中央教育科学研究所，厦门大学．杨贤江教育文集［M］．北京：教育科学出版社，1982：401.

[3] 中央教育科学研究所，厦门大学．杨贤江教育文集［M］．北京：教育科学出版社，1982：413－414.

统介绍马克思主义的唯物主义学说，发表于《东方杂志》。文章在辩证唯物主义思想指导下，指出对于中国文化与西方文化，既不能因为是国粹就一味接收，也不能因为是“洋货”就全盘摒弃，“一定要分清外国学术思想何者与中国有益，何者与中国有损，采用外国学术之时务宜取长舍短”。[1] 1923 年回国后，范寿康历任商务印书馆编辑、中山大学教授、武汉大学教授等，1933 年 8 月至 1938 年 4 月，任武汉大学哲学教育系教授，主讲现代哲学、中国哲学史、哲学概论、希腊哲学研究等课程。在执教中，他热情介绍马克思主义唯物论，讲授辩证唯物主义和历史唯物主义，宣传“抗日救亡”爱国主义思想，支持“一二·九”学生运动等，深受进步同学的欢迎和爱戴。由此，范寿康坚定了他的马克思主义信仰，并以马克思主义唯物史观奠定了他的哲学与教育思想基础。

共产党组织在湖北建立后，马列主义得到迅速传播。作为中国共产党早期著名教育家、理论家、社会活动家，钱亦石认真阅读各种政治理论书籍，开始接受马克思主义。1924 年 4 月，经董必武、陈潭秋介绍，钱亦石加入了中国共产党。1928 年前往苏联学习。其间，曾译过恩格斯名著《德国农民战争》一书。从 1932 年起，钱亦石经我党组织的联系，被上海法政学院和暨南大学聘为教授，主讲现代教育原理、中国外交史、近代世界政治史、中国近代经济史等课程，他运用马列主义基本原理联系中国实际，新创了这些课程的体系。钱亦石编著的讲义以及专著，先后由进步书店出版发行。他以著述丰富、见解精深而蜚声文化界，被称为“红色教授”。后来，他还应教育家陶行知的邀请，常到山海工学团，讲授教育与实际结合和为人民大众服务的专题，从而推动乡村平民教育运动。他为了给广大青少年介绍良师益友，编写了《世界发明家列传》《世界思想家列传》，启发他们以马克思、恩格斯等人的言行，作为“自己做人的指南”。在华北危机日深的时刻，为了激发青年的爱国热情，积极投入抗日救亡运动，他写了《中国怎样降到半殖民地》一书，内容深刻，形式生动活泼，深受爱国者的欢迎。董必武称誉钱亦石是一个“最优秀的教育家”。

---

[1] 范畴康. 马克思的唯物史观 [J]. 东方杂志，1921，18 (1).

作为中国无产阶级革命家，中国共产党早期青年运动领导人之一，恽代英在学生时代积极参加革命活动，是武汉地区五四运动主要领导人之一，1920 年创办利群书社，后又创办共存社，传播新思想、新文化和马克思主义。1921 年加入中国共产党，1926 年任上海大学教授，同年 8 月被选为中国社会主义青年团中央执委会候补委员、宣传部主任，创办和主编《中国青年》，它在当时是青年学生的向导，培养和影响了整整一代青年。恽代英在成为马克思主义者后，撰写《民治的教育》一文，在其中提出了以“养成健全公民”为目标和归宿的公民教育思想。在他看来，改造教育与改造社会相统一，在此思想基础上，“健全的公民”必须具备五大素质，即独立思想、独立行动、自尊、自信、适应团体生活。可见，他的公民教育是追求个人与自然、社会的和谐相处、和谐发展的教育。它既讲求张扬个性，保障个人权益，发展个人特长，尊重个人创造，又要求每个人都自觉地履行社会义务，遵守共同生活的道德规范、法律准则，是一个“私德”与“公德”并举的人。这也表明了他主张培养富有个性、自主、自强、团结协作的现代中国人。这正是恽代英运用马克思主义的世界观，对他日益丰富的以人为本与培养人的社会性相交融的教育思想进行的科学总结。

## 二、民主主义

以西方的民主主义思想为指导思想主要的公民教育家有舒新城、龚启昌等。舒新城本人具有较强的求知欲，为革新教育广泛涉猎 19 世纪末 20 世纪初西方教育理论。而民主主义教育思想正兴盛于 19 世纪末 20 世纪初的西方。他熟读杜威的《民主主义与教育》等西方教育经典著作，对西方教育学理论有着浓厚的学习兴趣。如他在回忆教育研究活动时说，“有如哥伦布之发现新大陆，当时精神上愉快自不可言，而求知的欲望则发展至于极点，只恨我不能将整个的时间，都放在图书室里”。[1] 自 1919 年杜威来华宣传民主主义教育学说后，舒新城的公民教育研究产生了较大变化。以杜威为代表人物的民主主义教育理念强调教育与生活、教育与社会间的

[1] 舒新城. 我和教育［M］. 上海：中华书局，1946：153.

联系，主张教育要适合社会、服务社会。舒新城根据民主主义教育理念，提倡公民教育要为社会培育好公民，即不仅掌握基本的政治生活常识，还应掌握社会生活常识、经济生活常识，养成自身良好道德修养，关注社会现实，以主人翁的责任感正确认识且处理个人与社会的关系，积极参与国家公共事务。

受民主主义教育理念影响颇深的另一位教育家当属龚启昌。他在《公民教育学》一书中，将公民教育界定为“培育个人有效地参与社会生活的一种手段”❶，强调了公民教育与社会生活间的联系，提倡公民教育要关照社会生活。他结合近代中国社会现实，提出实施公民教育是维护民主、反对专制的重要途径，即“各国的政体虽以各国人民自己决定为原则，但大势所趋，必为民主而不复再有独裁出现。在民主政体中，每个人都是国家的主人，都得预闻国家的政事，那么不论在哪一国，公民教育必定会显得十分重要。以我国而论，宪法业已制定，一旦实行，即入宪政大道……倘无健全之公民，地方自治无从推行，宪政亦必徒有虚名，故在我国，公民教育尤为当务之急”❷。由此，在龚启昌看来，中国公民教育应当坚持民主主义原则，反对中国传统封建专制体制，致力于民主政体建设。

## 三、三民主义

以孙中山的“三民主义”为指导思想的公民教育家当属熊子容、袁公为。熊子容主张学习西方公民教育，却非盲目照搬照抄，而在分析新立民国的国势民情基础上阐释公民教育发展趋势，以探索适合中国社会的公民教育。他明确指出，公民教育应立足本国社会现实，以孙中山的“三民主义”为指导，推行义务教育和成人教育以塑造公民资格；职业团体注重个人经济独立能力的养成；学校注重个人政治运用能力的培养；初等教育，作为公民教育的基础，不能为外国人越俎代庖，以实现民族独立、民权普遍、民生发展。此外，熊子容也进一步提出了公民教育具体目标。在民权

❶ 龚启昌．公民教育学［M］．南京：中正书局，1947：8.
❷ 龚启昌．公民教育学［M］．南京：中正书局，1947：45.

方面，强调培养政治参与意识、法治观念、爱国情感、健全人格；在民生方面，注重培养生产技能、职业技能、经济责任；在民族方面，主张培养国防意识、集体观念、文化自觉性。具体到学校，熊子容指出，公民教育应根据国家政策和现实国情，制定统一的教育目标，以提升其实效性和影响力。具体来讲，在道德方面，培养公民树立忠孝、仁爱、信义、和平观念，做到尊重公事、遵守秩序、爱护公物、服从真理、诚意合作；在生产方面，培养公民的生产兴趣和能力；在政治方面，培养公民的“三民主义”的知识和信仰及五权宪法的知识与技能；在人文方面，培养公民的社会责任和世界眼光；在健康方面，培养公民的健康身心；在宗教方面，培养公民的博爱信念、节制能力。❶

袁公为在《公民教育概论》中提出，公民教育根本任务在于培养国家中的理想公民。因而，有不同的国家理论，就有不同的公民教育理论。在政治上，要建立某种理想的国家，公民教育上就必须培养某种适合其政治理想的公民。公民教育是实现国家政治理想的手段，脱离国家政治理想的公民教育是不存在的。基于此，袁公为进一步指出，“三民主义”是中华民国的政治理想。因此，公民教育应以“三民主义”为指导，培养公民具有国家观念、民族意识、社会责任感、团结合作精神，以实现民族独立；提倡人人在政治地位上是平等的，训练国民使之具备运用权力的知识和能力，以实现民权普遍；培养公民具有劳动精神，掌握经济知识和技能，以实现民生发展。❷

## 四、基督教教义

以基督教教义为思想背景的公民教育家有晏阳初、刘湛恩。晏阳初与基督教最早结缘是在四川阆中县的“中国内地会”创办的西学堂求学期间，由英国而来的基督传教士对晏阳初的影响极大。他不仅传授给学生《圣经》，传播努力苦干、劝人为善的精神，而且惯用“身教”，用慈祥和

❶ 熊子容. 中国的两种教育——生产教育公民教育实施的原则［J］. 教育学，1934（1）.

❷ 袁公为. 公民教育概论［M］. 贵阳：文通书局，1942：67－69.

蔼的态度与学生共同生活，悉心照料学生们的生活起居。从那时起，晏阳初接受基督教的洗礼，虔诚信仰。基督教所宣扬的博爱、平等、善意的教义同西方公民教育内涵有着异曲同工之处，成为激励晏阳初热心平民的公民教育工作的原动力之一，为晏阳初毕生从事公民教育提供了强大的精神动力和信念支持。此外，晏阳初在从事公民教育过程中所表现出的坚持不懈、持之以恒的奋斗精神，无疑是来自虔诚的基督信仰。诚如韦政通所指出："要了解此壮举背后的动力，应知晏阳初夫妇都是虔诚的基督徒，《马太福音》：'没有任何事情是你们不能做的'。"❶

刘湛恩也是虔诚的爱国基督徒，自幼决心将其一生奉献给热爱的祖国和深信的上帝。1922 年，他获得哥伦比亚大学博士学位启程回国时致电恩师富兰克林博士，曾这样表达自己的决心："I am sailing at today. I go back to serve God and China."❷ 他回国后，履行自己的承诺，热心宣扬基督教义，提倡教育救国，参加爱国救亡运动，且在上海中华基督教青年会全国协会任职期间，开始系统研究并积极推行公民教育。

在向西方学习的近代中国社会背景中，民国时期先进的教育界人士大多留学美国、德国、日本等，接触到当时的先进理论，且依据不同的理论思考中国的公民教育问题。需要指出的是，尽管他们的公民教育理论基础不同，但他们公民教育目标是一致的，均致力于改造在长期封建专制社会中形成的传统国民性，塑造具有权利义务观、政治参与意识、民主法治观、民族国家观的现代化国民，希冀通过国民现代性人格的养成，挽救近代民族危机，革新中国社会。

## 第四节　公民教育观的共和主义倾向

近代以来，西方公民教育思想流派异彩纷呈，已形成了自由主义、共和主义、社群主义等主要流派，从严格的规范意义上规定了公民及公民教

❶ 宋恩荣. 晏阳初卷［M］. 北京：中国人民大学出版社，2013：3.

❷ 上海理工大学档案馆. 刘湛恩文集［M］. 上海：上海交通大学出版社，2011：26.

育，也因各思想理论流派的主张不同从而导致公民观及公民教育观也相互有差异。自由主义赋予每个人平等的道德地位，及对于任何社会集体要求的道德优先性，政治共同体仅仅是增加个人福利的途径。因而，自由主义公民教育观尽管关注个人自由，但却强调自由的优先性，在一定程度上忽视了对公共利益的关注。相比较于自由主义公民教育观关于个人与集体关系的认知，共和主义公民教育观更为主张公民要“以一种共生的关系将个体与国家联系在一起，以创立和维持一个公正而稳定的共和国政体，使个体能够享受到真正的自由。因此，在共和主义公民教育观中，个体只有在共和国中才能享受到真正的自由，共和国也只有通过公民的支持才能够存在”❶。也就是说，共和主义的理想公民要以公共利益为重，尤其是国家利益，公民与国家具有不可分割的关系。公民既要具有参与政治的公民美德，能够将私人的和个别的利益置于公共利益之下，认同国家，包容合理的差异，也具有理性商议能力。公民可通过公共讨论，接受不同的可能性和妥协的合法性，形成自愿联合的共同体。因而，共和主义公民教育则致力于政治参与、公共讨论等共和主义理想的政治活动。通过政治参与，公民掌握保障权利和自由的法律，培养公民的政治参与能力；通过集会，公民学会如何做好公民，培育公民的公共意识；通过公共讨论，锻炼理性商议能力等。社群主义在批判自由主义破坏社会团结的基础上，对社群表示出极大关注，主张普遍利益是社会运转的共同基础，同时促进社群成员产生对普遍利益的认同。一方面，社群主义的公民要关心公共福利，献身于公共利益；另一方面，社群主义的公民行为要体现社群角色的规范。也就是说，社群主义的理想公民是关心公共利益的模范，能够承担社会责任的人，也是优良社会生活的体现者和代表者。

在19世纪末至20世纪上半叶的中国社会情境中，从严复、梁启超到蔡元培、龚启昌、舒新城、熊子容、袁公为、杨贤江、晏阳初、刘湛恩、朱元善、范寿康、钱亦石、沈子善、恽代英、陶行知等先进知识分子，他们的公民教育观贯彻着民族国家原则的诉求，要求在中国建立近代教育制

❶ 德里克希特．何为公民身份［M］．郭忠华，译．长春：吉林出版集团有限责任公司，2007：52.

度，推行普遍的公民教育，希冀国民形成一种广泛意义上的民族认同、政治认同，着重培养和强化公民的国家观念和责任意识。诚如朱元善所指出："所谓公民教育者非他，乃确认个人为组织国家之分子，而藉教授训练之力，以完成其堪任公民之资格而已。换言之，即在唤起国家观念，以矫正其冷淡国事之弊，使之对于国家有献身奉公之精神，对于一己有自营自主之能力，此公民教育之意义也。"❶ 可见，民国时期教育界人士的公民教育思想具有一定的共和主义的公民教育观倾向。具体来讲，他们公民教育的共和主义倾向主要表现在以下三方面。

## 一、追求国家公共利益

国家是每一位公民的归属，国家利益或公共利益是首要的利益，先于个人利益而存在。因而，人们只有从公共利益出发，增进社会公共利益，才可能建立正义的社会。"贤明的人首先关心的是大家的利益，然后才是个人的利益：因为每一种利益都属于整个的人类，而不属于其中的每一个人。""只要把自爱之心扩大到爱别人，我们就可以把自爱变为美德。"我们越把个人利益"普及于别人，它就越是公正；所以，爱人类，在我们看来就是爱正义"❷。反之，坐享公共利益，损害公共利益，就不是一个好公民。基于上述理念，共和国的公民应将义务置于权利之上。正如英国学者查理德·贝拉米所指出："个体的自由只有通过民主的机构才能得以实现和发展，因为民主的机构使我们可以控制共同的善的形成，而共同的善又正是我们追求的个人计划实现的能力所依赖的。"❸

近代中国，在西方殖民主义势力的侵华战争及国内军阀混战中，国人，深受国内封建地主阶级和国外帝国主义的双重压迫，生活在水深火热中。这一残酷的近代中国社会现状警示着每一位有良知的中国人，中华民族的生死存亡关系着每一位中国公民的切身利益，维护国家安全统一理应

❶ 朱元善. 今后之教育方针——实施公民教育［J］. 教育杂志，1916（4）.

❷ 卢梭. 爱弥儿［M］. 李平沤，译. 北京：商务印书馆，1996：356.

❸ 查理德·贝拉米. 重新思考自由主义［M］. 王萍，等译. 南京：江苏人民出版社，2005：238.

成为每一位中国公民义不容辞的义务与责任。基于此，争取民族自由解放，实现国家复兴统一成为当时诸多仁人志士为之上下求索的重要使命和责任，无论是“实业救国”“科学救国”还是“教育救国”，都饱含着无数先进的中国人寻求民族解放、国家富强的强烈愿望。那么，在民国时期的教育界，就有这样一些先进的人士，他们以国家的公共利益为初衷，怀揣教育救国理想，立足近代中国社会现实，基于国家公共利益的实现与表达，通过引入与传播公民教育，提倡为实现国家的公共利益而提升国民的公民素质、充分表达公民自由权利及进行广泛的公民社会公共事务参与等，引导国民树立公民权利义务观、政治参与意识、民主法治观、民族国家观，以期改变传统的国民旧习，塑造能够挽救民族危机、革新中国社会的新型国民。当然，也要指明的是，民国时期公民教育虽然也提倡培育公民个体的独立意识、主体意识、自由精神，但是这些个体素质的提升也是为实现国家整体利益服务的。

## 二、提倡公民政治参与

共和主义公民教育观主张国家利益或公共利益重于个人利益，而这些公共利益也是由全体公民参与实现和保证的。因而，共和主义公民教育观强调公民的政治参与意识与行为。正由于公民广泛的政治参与，从而获得公民的正当权利与自由。公民的政治参与是保证公民自由权利的唯一途径。既然政治参与是公民享有自由权利的重要条件，那么作为自由人，公民就必须参与政治，因而共和主义的公民是积极参与政治的公民。如卢梭所言，“放弃自己的自由，就是放弃自己做人的资格，就是放弃人类的权利，甚至就是放弃自己的义务”。[1] 相比较而言，自由主义公民教育观不是积极引导公民参与政治，而是要追求自己的幸福和自由。如哈耶克所言，“所谓自由，乃指一个人依据其自己的知识所确定的手段而追求其自己的

[1] 卢梭. 社会契约论［M］. 何兆武，译. 北京：商务印书馆，1980：16.

目标”。[1] 教育的目的在于培养自由人，防止给人以某一种形式的公共教育，甚至不需要国家。

提倡公民的政治参与是民国时期教育界人士公民教育的重要内容，也是他们从事公民教育研究与实践的重要起因。新立民国的国民由于长期生活在传统封建社会，大多对社会公共事业、国家事务持冷漠态度，缺乏基本的政治常识，更谈不上广泛的政治参与。正如刘湛恩所指出：“试看国民对于历来的战争，只希望以军阀打倒军阀，从没有自己起来作一番切实的工作，所以一个军阀倒了，他个军阀便起而代之，而人民的疾苦也就日深一日，莫能脱离。这都是国民不负责任的缘故……我国人民对于国家的态度如此，即对于社会亦然。‘各人自扫门前雪，莫管他人瓦上霜’。这是社会间一般人奉为‘金科玉律’的。所以各人在社会上，你为你，我为我，彼此不肯扶持，彼此不肯协助。对于种种公益的举动，大都漠不关心，视为无足轻重。”[2] 这种社会现象的存在与建立资产阶级民主共和制度是极不相符的。尤其当国家濒临内忧外患、积贫积弱的民族危机之际，广大国民对民族国家的公共事务持冷漠态度使得一些先进的人士对民族国家的前途与发展表示担忧。鉴于此，教育人士通过向西方学习，引入并传播公民教育，纷纷主张欲改变国民落后的思想状况，须通过公民教育唤醒国民的政治参与意识，使之能够关注社会公共事业，积极参与国家政治事务，将国民的爱国情感转化为实际的具体的爱国行动。

## 三、注重公民美德实践

在共和主义公民教育观念中，公民美德实践是保持公民自由的重要条件。公民美德是指向公共利益的，公民只有为公共利益尽义务，才能拥有公民的权利。因为公共利益既是他人的利益，也有自己的利益，为他人尽义务，也是为自己尽义务。如卢梭所说：“把我们和社会体联结在一起的

[1] 冯·哈耶克．自由秩序原理［M］．邓正来，译．北京：生活·读书·新知三联书店，1997：17．

[2] 刘湛恩．公民与民治［M］．上海：青年协会书局，1926：28．

约定之所以成为义务，就只因为它们是相互的；并且它们的性质是这样的，即在履行这些约定时，人们不可能只是为别人效劳而不是同时在为自己效劳。”❶ 公民美德实践主要指的是致力于政治参与、公共讨论、公共集会和仪式等共和主义理想的政治活动。通过政治参与，掌握保障公民自由权利的法律，培育政治参与能力；通过公共讨论，锻炼公民理性思辨能力，学会实现最优的整体利益，学会妥协；通过公共集会，公民学会如何做公民，既能掌握公共秩序知识，又能树立公共意识。这些公民美德实践是公民得以进行政治参与、获取公民资格的重要方法。

知行合一是民国时期教育界人士公民教育的重要原则。他们既开展艰苦的公民教育理论探索，也组织切实的公民教育实践，注重在公民活动中塑造公民素质，希冀国民掌握基本的公民常识，能够参与政治、地方自治、公共讨论与决策等公民美德实践。如袁公为在《公民教育概论》中所提倡的“服务设计”“表演设计”“调查设计”等教学方法；熊子容提出的“公民道德训练”方法；刘湛恩的公民教育工作中“组建公民研究团”“组织公民宣讲队”“成立公民养成团”“成立公民班”等；晏阳初平民的公民教育工作中组建的“公民服务团”“农民自卫训练”“实施公民选举”等，都是依托某些公民教育组织来开展公民教育活动，培养公民行为能力，希冀在切切实实的公民教育活动中提升自身公民素质的同时尽心服务地方事务。由此可见，这些公民美德实践更多地强调公民义务与社会责任，在具体的社会服务中增长公民认知、锻炼公民理性思维、提升公民情感、培育公民行为。

任何思想文化都是特定时代的产物。整个民国时期是中华民族在帝国主义、封建主义、官僚资本主义的多重压迫中寻求民族发展走向的探索期。在多重的民族压迫中，先进的中国人将目光投向西方，试图在思想文化层面向西方学习，借鉴西方资产阶级推翻中世纪封建主义和宗教神学、宣扬民主平等自由观的思想文化利器——公民教育被一些先进的教育界人士用以解决近代中国的社会问题，唤醒在民族濒临亡国灭种的深重危难时还在沉睡的国人。由此，把西方公民教育的基本理论与近代中国社会现实

❶ 卢梭．社会契约论［M］．何兆武，译．北京：商务印书馆，1980：42.

相结合，探索一条适合中国社会需要的公民教育之路成为教育人士倡导公民教育的主旋律。他们围绕着“培养什么公民”“如何培养公民”两大主题，结合近代中国社会现实和国人的思想状况，提出了包括政治素质、经济能力、道德修养等在内的“健全公民”的培养目标；坚持在继承我国优秀传统文化的基础上融合民主、自由、平等的西方资产阶级道德观的教育原则；构建出“国家—社会—个人”三位一体的公民道德教育体系及以国家利益为核心的公民意识教育体系；以培养公民的自治能力为要旨的公民自治教育方法及以“家庭、学校、社会组织”为中心的公民训练方法等，开启了中国公民教育的探索之路，以期全国提升国民的道德素质和文化水平，由实现国民的现代化进而推进民族国家的现代化。

# 第七章　民国时期公民教育思想评析

通过对民国时期教育界人士公民教育内容、方法及特点的研究，有必要运用辩证唯物主义和历史唯物主义的观点，对民国时期公民教育思想做出合理的评析。

## 第一节　民国时期公民教育思想的进步作用

从对民国时期教育界人士公民教育思想的考察可以发现其有明显的进步作用，可从理论价值和社会意义两方面来分析。从理论价值上看，民国时期的公民教育形成了健全公民的培养目标、中西结合的教育内容、多元并存的教育理念、公民教育观的共和主义倾向等主要特点，初步形成了中国独特的公民教育思想。从社会历史发展上看，民国时期的公民教育意义主要体现在以下几方面：传播近代西方的民主自由平等观，反对中国传统封建社会的等级观念、人身束缚及思想控制；引入社会公德观教育，革新中国传统道德教育；倡导权利义务观、民主法治观、民族国家观、政治参与意识，培育人的主体意识和参与意识，促进人的现代化；公民教育由学校深入到中国社会，触及广大平民群体，教育不再专属少数人而为全民共享，有效推进传统教育大众化。

### 一、民国时期公民教育思想的理论价值

民国时期教育界人士立足近代中国社会现实，从思想文化层面反思中

国传统道德教育思想，融合近代西方公民教育思想，开创了在概念、地位、目标、原则、内容、方法等方面独具特色的中国公民教育思想。在公民教育概念上，他们立足近代中国社会的需要，主张公民教育培育健全的公民，除了培养政治素质之外，也培养公民的职业能力、文化修养、健康身心等，旨在提升国人的整体素质。我们说，现代化首先是人的现代化，也是人思想的现代化。挽救近代民族危机，实现国家的现代化，首先要做好人的工作，培养各方面素质、情感、能力全面发展的人。实现民族独立和人民解放，彻底改变国家贫穷落后的面貌，实现国家复兴强盛和人民共同富裕，都在相当程度上需要能力健全的公民发挥中流砥柱的作用。在公民教育地位上，他们探讨公民教育与其他专门教育（体育、职业教育、文化教育、政治教育、道德教育等）之间的内在关系。如图 7－1 所示。

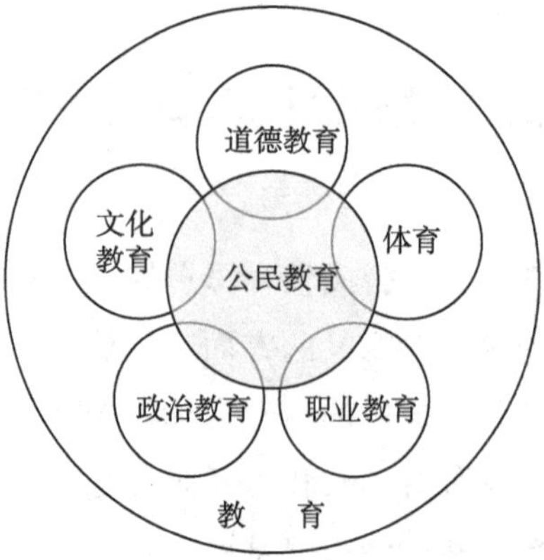


**图 7－1　公民教育与其他教育关系示意图**

在公民教育目标上，可分为初级目标和长远目标。一是公民教育的初级目标：改造长期传统封建社会中形成的国民旧习，塑造符合近代中国社会发展需要的健全公民。二是公民教育的长远目标：实现民族自由解放和国家的复兴强盛。公民教育的初级目标与长远目标相互联系、密不可分。实现公民教育初级目标是实现长远目标的必要前提和必经阶段，即培养健全公民是挽救民族危亡、实现国家独立富强的先决条件。反之，国家的独立富强也是公民素质不断提升的重要保证。在公民教育原则上，一是在引入西方公民教育问题上坚持实事求是的原则，并非盲目照搬西方的公民教育，而是在结合近代中国社会现实的基础上开创具有中国特色的公民教育；二是在实施公民教育过程中遵循先易后难、循序渐进、因材施教的原则。如学校公民教育在初等教育、中等教育、高等教育阶段有着各自不同的教育要求、目标与方法，在社会公民教育中，也根据不同的社会群体特点组织适合他们的公民教育活动，且家庭公民训练、学校公民训练、社会组织公民训练也各有侧重。在公民教育内容上，由民国初期的“国家—社会—个人”三位一体的公民道德教育体系转变为以公民权利义务观、政治参与意识、民族国家观、民主法治观为主要内容的公民意识教育，愈来愈注重培养素质全面的公民，培养社会、民族国家意义上的公民，逐渐接近真正意义上的公民教育。在公民教育方法上，呈现多元化、多领域、多媒介的特点，倡导公民自治教育，注重公民科课堂教学与实践教学的相统一，整合家庭、学校、社会的公民教育力量，发挥与公民科相关的社会科学的公民教育作用，挖掘社会公民教育的资源等。综合看来，在近代中国社会背景下的公民教育已在概念、目标、地位、原则、内容、方法上初具特色，标志着近代中国公民教育初步具有了较系统的思想体系。

## 二、民国时期公民教育思想的社会意义

民国时期公民教育思想的社会意义主要表现在以下几方面：传播民主观念，极具反封建性质；提倡公民思想，革新传统文化；推行公民教育，实现人的现代化；推行公民教育，促进教育的大众化。

### （一）传播民主观念，极具反封建性质

18 世纪中后期，欧洲各国的资本主义生产关系迅速发展，资产阶级的力量不断壮大，资产阶级和广大人民的反封建斗争日益高涨，欧洲发生了一场影响深远的反封建、反神学、反教会的资产阶级思想文化解放运动——启蒙运动。启蒙运动是欧洲文艺复兴反封建、反神学、反教会斗争的继续与发展，继承了人文主义精神，推崇科学精神和理性主义，反对天主教教义，提倡废除封建专制制度，传播资产阶级的人权和民主思想，促进了人们的思想启蒙和文化觉醒。欧美启蒙运动时期，公民教育思想得

以发展，先后涌现出孟德斯鸠、卢梭、托马斯·潘恩、托马斯·杰斐逊等杰出的公民思想家。他们抨击天主教会和封建君主专制，反对愚昧迷信的神学观，崇尚理性和信仰自由，主张自由、民主、平等、人权、法治、博爱、共和，倡导以“天赋人权”说反对“君权神授”论，肯定人的价值和尊严，倡导个性解放，以公民的平等的法律地位反对贵族的特权等级观念，这些公民教育学说对法国大革命和美国资产阶级革命提供了充分的思想准备，也为人们在思想与行动上摆脱宗教神学和封建等级制度束缚产生了深刻影响，促进了人们民主自由平等观的启蒙与觉醒。正如恩格斯所说：“启蒙思想家不承认任何外界的权威，不管这种权威是什么样的。宗教、自然观、社会、国家制度，一切都受到了最无情的批判；一切都必须在理性的法庭面前为自己的存在作辩护或者放弃存在的权利。思维着的悟性成了衡量一切的唯一尺度。”❶

按照《中华民国临时约法》规定，中华民国的广大国民不再依附于皇权、君主的强压，而是国家主权的拥有者和使用者，享有行使国家主权的权利。人权、民主、自由、平等、法治观念在新立民国慢慢升温，开启了近代中国社会的民主化进程。在这种社会背景下，先进的中国知识分子在向西方学习的过程中引入公民及公民教育思想，在中国大地上传播自由、平等、亲爱思想，提倡公民权利义务观、政治参与意识、民族国家观、民主法治观，反对君主专制统治和封建等级观念，具有强烈的反封建、反压迫、反侵略、反剥削的性质。如刘湛恩、杨贤江、舒新城倡导公民依法享有的自由权、平等权、参政权、选举权，旨在通过灌输公民权利观念进而激发国人的自由、平等、参政意识，摆脱国民在封建君主专制社会中形成的臣民意识、专制思想，实现由传统臣民向现代公民的转变。也如，在家庭的公民教育中，教育界人士提倡构建平等、和睦的家庭关系，反对传统封建社会中“父为子纲、夫为妻纲”的家庭等级观念，主张夫妻平等、相互尊重、婚恋自由；而且，在公民权利上，也主张男女人格平等，女子也依法享有与男子同样的人身自由权、选举权、受教育权，这些也在一定程度上对反对等级观、提倡平等观，反对专制思想、提倡民主思想，反对传

❶ 恩格斯．反杜林论［M］//马克思恩格斯选集：第3卷．北京：人民出版社，1995：56.

统、提倡现代，具有一定的历史进步意义。此外，刘湛恩在《公民与民治》中提倡法治观念，“无规矩不成方圆”，主张法治是自由、公平、正义的保障，强调其对构建民族国家的重要性。在两千多年的传统封建专制社会中，君主处于整个社会的最高层，国家事务均由君主一人决断，人治大于法治，导致长期在人治思想控制下的国民缺乏法治观念，愚昧迷信，盲从权威。因而，提倡法治观念，主张以公民的平等的法律地位反对贵族的特权等级观念，通过法治来保障公民的自由权利，否定和抨击传统封建社会中的人治思想。

### （二）提倡公民思想，革新传统文化

文化是政治、经济的集中反映。在我国传统封建社会中，自给自足的小农自然经济体制及以宗法色彩浓厚和君主专制高度发达为主要特征的政治结构对传统文化的发展具有双重影响。一方面，中国封建社会的经济制度基础和社会政治结构滋养了我国丰富的优秀传统文化，产生了古今一以贯之，仍为大多数人所接受并奉行，在现代仍发挥积极影响的传统美德，如“仁爱孝悌”“谦和好礼”“诚信知报”“精忠报国”“克己奉公”“修己慎独”“见利思义”“勤俭廉正”“笃实宽厚”“勇毅力行”等，这些德目是中国古代道德文明的精华，是中华民族共存共荣的凝聚力，其在价值的意义上形成中华民族道德人格的精髓。另一方面，在这种经济制度基础和社会政治结构上生长起来的中国传统文化也存在种种弱点和弊端，如“三纲”等级观念、臣民意识、盲从心理、迷信权威、“存理灭欲”的修身养性、“非我族类，其心必异”的盲目排外心理，这些弊端和弱点在中国历史步入近代时已不能有效地回答和解决社会所面临的问题，迫使传统文化不得不革新以适应新的社会形势。尤其当中国传统文化与西方文化发生碰撞时，这种弱点与弊端愈发凸显，引发了中国传统文化的危机。

面对因新的社会形势发展而暴露的传统文化危机，教育界人士在向西方学习的过程中传介西方公民及公民教育思想，在继承和发扬我国优秀传统文化的基础上，引入了自由、平等、民主、博爱、社会公德观的西方先进道德观念，构建出以“国家—社会—个人”为体系的公民道德教育，在国家、社会、公民三个层面提出了新的道德要求；结合近代中国社会形势

变化，倡导实施在中国古代历史上从未出现过的公民意识教育，主要涉猎公民权利义务观、政治参与意识、民族国家观、民主法治观，希冀在民族国家的建构中塑造具有现代公民意识的新型国民；结合我国传统国民的非独立型人格，倡导实施公民自治教育，主张培育国民的主体性人格，提升自我教育、自我管理、自我约束的道德能力，也希冀通过自治能力的培育，将公民道德观、公民意识转化为实际、具体的行动，真正内化为国民的基本认知，提升国民的道德境界。这些公民教育思想进一步拓展了我国传统道德文化的内容，丰富了传统道德教育方法。其中，提倡社会公德观念，丰富了传统的慎独克己的私德教化；提倡公民的权利义务观念，培育国民的主体意识和责任观念；提倡国民的政治参与，养成国民的参与意识；提倡民族国家观，冲破传统封建君主制度，培育国民的民族意识和国家观念；提倡法治观念，否定封建传统的人治思想，即在一定程度上否定了传统文化中颇重的家族观念、“三纲”等级观念、臣民意识、盲从心理、迷信权威、“存理灭欲”的修身养性、“非我族类，其心必异”的排外心理，为我国传统文化注入了新鲜血液，弥补了我国传统文化在国家走向近代化过程中的种种弱点与弊端，促进了我国由传统文化向现代文化的转型。

### （三）推行公民教育，实现人的现代化

美国现代化研究专家阿历克斯·英格尔斯指出：“一个国家，只有当它的人民是现代人，它的国民从心理和行为上都转变为现代的人格，它的现代政治、经济和文化管理机构中的工作人员都获得了某种与现代化发展相适应的现代化，这样的国家才可真正称之为现代化的国家。”“人的现代化是国家现代化必不可少的因素。它并不是现代化过程中结束后的副产品，而是现代化制度与经济赖以长期发展并取得成功的先决条件。”[1] 由此可见，人的现代化是国家现代化的重要前提和集中体现，国家的现代化归根结底在于人思想的现代化，是由传统农耕社会的依附性、整体性、封闭

[1] 阿历克斯·英格尔斯，等. 人的现代化——心理·思想·态度·行为［M］. 殷陆君，译. 成都：四川人民出版社，1985：8.

性思维向现代社会的主体性、独立性、反思性、开放性思维的转变。

在我国封建社会中，传统的经济制度和政治制度既塑造了勤俭、重礼仪、自勉、爱和平、坚韧、圆熟老道的优良品性，也产生了自私自利、文弱、守旧、克己、忍辱的封闭型、依附型的国民性。从经济制度的影响上看，农耕自然经济是中国古代社会经济的主体。农民被牢牢地束缚在土地上，没有人身自由，且农产品基本自给自足，处于日出而作、日落而息的生活状态，因而在相当程度上形塑了偏于保守、封闭的国民性。除了农耕经济对传统国民性的决定性影响外，以宗法色彩浓厚和君主专制高度发达为主要特征的古代社会政治结构也是形塑国民性的直接因素。在以君主专制为主要特征的传统政治结构中，“普天之下，莫非王土”，君主处于整个社会的最高层，且为了维护专制统治，在思想上和人身自由上对国民加以控制，国民从属于封建君主，是封建君主的臣民和子民。因而，在这种社会政治结构中，必然不会形成开放式而是封闭式的、不是独立式而是依附型的、不是主体性而是从属型的国民性。

民国时期，战乱纷争，积贫积弱，充斥着种种矛盾。当外敌入侵，国势积弱，矛盾凸显，传统的国民性开始暴露与时代发展不相促进、相互矛盾的种种缺陷与弊端。基于此，教育界人士坚持教育救国的理想，将目光投向了以培养民族国家现代性国民、实现国民素质现代化、促进民族国家现代化发展为主要目标的公民教育，试图立足中国的客观实际，引入并传播公民教育，推行适于中国土壤生长的具有本民族特色的公民教育。他们向中国社会，尤其是教育界，针对学生和广大平民，倡导公民权利义务观、民主法治观、民族国家观、政治参与意识，希冀民众通过理论学习或社会实践，对上述意识逐渐内化于心、外化于行，逐步摆脱中国民众形塑的传统依附型人格，树立主体精神和公民意识，培养开放式、独立式、主体性的现代型人格。这对国民素质的现代化、助力中国近代教育的进步及促进中国近代社会发展具有一定的历史进步意义。

### （四）推行公民教育，促进教育的大众化

在中国封建社会，兴起于隋唐时期的科举考试制度，一直是我国选拔人才、录用官员的基本考核体制。自科举考试制度实施以来，学校教育、

社会教育、官员的升擢任用均要服从或从属于科举考试，教育与仕途具有不解之缘，是少数社会贵族进入仕途的重要阶梯，也成为统治者实施政治统治、控制思想舆论的有效工具。这在某种程度上造成中国古代社会“上品无寒门，下品无世族”的负面效应。正如陶行知所指出：“过去的教育是少数的独占的教育。这种少数独占的教育，不但是一种社会的病态，而且与需要大众为民族生存而斗争的现局相矛盾。教育的大众化，不仅站在大众的立场，是我们应有的权利，即从民族的立场观察，亦是我们应有的态度。所以我们主张将少数的独占的教育归还于大众。”❶

公民教育在民国时期的出现与发展逐渐改变着教育专属少数社会上层的社会现象。以民国时期教育界人士为例，他们当中如杨贤江、舒新城、熊子容、袁公为等著书立说，参与制定公民科的教学纲要、编纂教科书及公民通俗读本，引导学生掌握基本的公民认知、培养基本的公民情感及锻炼基本的公民行为，使之能够关注除了自身以外的集体、社会乃至国家的公共事业，培育国民的社会责任、国家观念、公德意识，明确公民在国家发展、民族命运中的重要作用和意义，推动着公民教育面向中小学生全面启动。也有如刘湛恩、晏阳初等组织公民教育团体、开展公民教育实践，促使公民教育由学校领域深入到广大的中国社会，尤其是触及到广大中国平民群体，使其从最基础的识字教育开始，通过形式多样、行之有效的公民实践活动，培育广大平民的识字能力、公民常识及公民素质等。这在一定意义上割断了中国自古以来所形成的教育与仕途之间的密切关系，使教育不再专属于少数人，而变为全民共享，教育也由服务个人向服务民族国家转变，在一定程度上实现了中国教育的大众化和普及化。

## 第二节　民国时期公民教育思想的局限性

民国时期的公民教育随着辛亥革命推翻帝制、新立民国而迅速发展，在传播民主自由平等观念、提升国民的公民素质方面发挥着一定的积极作

❶ 董宝良. 陶行知教育论著选［M］. 北京：人民出版社，2015：447.

用。但从发展历程来看，因受时代背景、社会环境及民众有限的认知程度的影响，虽有凸显公民教育的工具性价值——为挽救近代民族危机与实现国家的复兴强盛而培育具有良好公民素质的新型国民，致力于“建新邦、树新民”的教育任务与目标，但在公民教育的本体性价值——公民个人自由权利的彰显与普及并未得到充分展现与表达。且民国时期广大中国民众教育普及程度很低，文盲比例很高，公民教育需要先从最简单的识字教育起步，导致公民教育的起点低。此外，试图改变两千多年形塑的传统国民品性并非一朝一夕之事，需要经历持久的、长期的、反复的过程。所以，公民教育在提升中国国民整体素质、培育国民的公民意识方面效果并不十分显著。此外，由于公民教育并非源自中国本土，且逐渐发展在中国的战乱年代，既缺乏获得长足发展的必要的社会政治经济基础，也缺少具备良好知识储备的群众基础，因而其在理论研究与实践方面难以获得长足的发展与深入。

## 一、民国时期公民教育思想的理论局限

通观民国时期教育界人士的公民教育不难发现，由于时代与认知的影响，其不可避免地在公民教育理论建设上存在一定的局限性，主要表现在辨析公民教育与其他相关教育之间的关系时因循西方某些公民教育研究、公民教育缺乏统一的指导思想以及尚未形成成熟的公民教育思想体系等。首先，在民国时期的公民教育思想研究与实践中，有教育者在辨析公民教育与其他相关教育之间的逻辑关系时，仍在沿袭德国公民教育家凯兴斯泰纳的公民教育研究范式与主要观点，尚未做出新的探究、思考与阐述。其次，民国时期公民教育缺乏统一的思想基础做支撑，因而在明确公民教育概念、目标，及辨析与其他相关教育关系、地位、作用、原则、影响时并不能根据统一的思想理论来研究分析，从而在相当程度上影响独立的、科学化的公民科的建立。最后，民国时期的公民教育在概念辨析、目标定位、内容拓展、方法探究、社会影响等方面已形成基本认知，使公民教育在民国时期初具独立的思想体系，但由于时代境遇和公民教育思想体系建构的不足，要构建完善、成熟的公民教育思想体系还尚待更多努力。

## （一）因循西方某些公民教育研究

公民教育在民国时期的发展历程中，一些教育界人士立足近代中国社会需要，借鉴吸取西方公民教育的有益经验，分别从制定新教育方针、撰写公民学科教材、编写公民教育读本、筹建公民教育组织、开展公民教育运动等多种方式进行了艰辛探索，既实现了公民教育在民国时期从无到有、由浅入深、逐步学科化的发展，也努力探索出了符合中国社会发展需要、解决近代民族危亡问题的公民教育。

与此同时，民国时期教育界人士的公民教育研究中，不乏存在因循西方公民教育某些思想观点与研究套路的现象。如袁公为在探讨公民教育与体育、职业教育、文化教育、道德教育、政治教育之间的关系时，指出公民教育内在地包含有体育、职业教育、文化教育、道德教育、政治教育的关系问题上，通过体育培养健康的体魄，通过职业教育培养良好的职业技能，通过文化教育培养良好文化修养，通过道德教育培养良好的道德素质，通过政治教育培养政治素质，这些教育基本涵盖了公民教育的全部内容，是公民教育的题中应有之义，因而公民教育处于整个教育活动的中心地位。[1] 这一观点基本沿袭了德国公民教育家乔治·凯兴斯泰纳关于公民教育与其他相关教育的基本观点，尚不能立足中国社会现实，基于新的研究视角，在公民教育与其他相关教育关系的问题上产生新的认知和解读。同样地，龚启昌在《公民教育学》一书中，也谈及公民教育与健康教育、职业教育、文化教育、政治教育、道德教育等各种教育之间密不可分，分析了公民教育与健康教育、职业教育、文化教育、政治教育、道德教育的部分交叉关系，健康教育、职业教育、文化教育、政治教育、道德教育几乎涵盖了公民教育的所有内容。这一研究思路与结论也基本套用了凯兴斯泰纳的观点。

当然，公民教育是西方的舶来品，并非中国土生土长，因而在产生及发展之初，需要从一定程度上借鉴、吸取西方公民教育所揭示的原理、原则与方法等。但这不是简单的套用，而是需要从一定程度上借鉴公民教育

[1] 于玲玲．袁公为公民教育思想探析［J］．成人教育，2014（10）．

基本原理来分析中国公民教育所固有的特殊规律，建立中国公民教育特有的包括原理、原则与方法在内的学科体系。

### （二）缺乏统一的理论做指导

任何一门学科，都要有科学的理论做指导。有了科学的理论指导，学科的理论体系才能真正建立起来。而萌生于清末的公民教育，历经整个民国时期的曲折发展，最终尚未发展成熟而得以普及。探究其中的缘由，可谓复杂多样。其中，该时期的公民教育缺乏统一的指导思想是它最终未能构建成熟的思想体系，从而发展成为一门完善的公民学科的主要原因之一。

关于公民教育研究，从不同的指导思想出发，会产生不同的公民教育对象、公民教育概念、公民教育内容、公民教育方法、公民教育的作用和影响等。民国时期教育界人士的公民教育研究，由于缺乏统一的指导思想，导致公民教育理论问题缺乏内在严密的逻辑性，对于公民教育的基本理论问题也尚未达成统一的认识，在相当程度上影响到公民教育在中国的纵深发展。与此同时，也需要特别指出的是，一门独立的学科体系，离不开理论基础、范畴、研究对象、基本矛盾、学科规律等。只有兼具科学的理论基础、基本范畴、特定的研究对象、特殊的矛盾及规律，才有形成独立、完善的学科体系的可能。尽管民国时期的公民教育在概念、地位、意义、目标、原则、内容、方法、影响等方面已形成诸多共识与研究成果，公民教育思想体系得以丰富，但也由于该时期的公民教育尚缺乏统一的指导思想，导致公民教育的研究对象、基本矛盾、学科范畴、学科体系及其教育规律尚未得到深入研究，因而要形成完善成熟的公民教育思想体系还需要付诸艰苦的理论研究与实践探索。

## 二、民国时期公民教育思想的社会历史局限

任何一种思想观念，都不可避免地具有一定的历史和时代局限。在民国时期的社会背景下，造成公民教育局限性的主要原因是不良的政治经济环境和政治化导向。这势必导致公民教育缺乏必要的社会物质基础、受众

人数很少、受众文化程度低、公民权利教育力度不足等，这些在一定程度上影响与制约着公民教育在中国的纵深发展。

### （一）缺乏孕育公民教育持续发展的社会历史条件

马克思指出："物质生活的生产方式制约着整个社会生活、政治生活和精神生活的过程。不是人们的意识决定人们的存在，相反，是人们的社会存在决定人们的意识。"[1] 一切社会意识，无论是经济思想、政治思想，还是宗教信仰、道德观念，都是对社会存在的反映。公民教育属于上层建筑范畴，其形成与发展要受到整个社会物质生产方式的影响与制约。

公民教育作为一种与现代文明国家紧密联系的教育，其生长的土壤应当是商品经济、民主政治、城市化的人类生活方式及其法制社会，尤其是与政治民主化密切联系的商品经济与现代文化。而20世纪初期的中国尚不具备这些社会条件。在我国两千多年的封建社会中，以分散的个体农业和手工业为主要形式的自然经济占据着主导地位，世代农民进行简单的、落后的农业生产，男耕女织，基本自给自足。尽管当历史步入近代，西方商品和资本大量涌入自然经济虽受到了破坏，但其仍然是主导的经济形式。在政治方面，以君主专制高度发达为主要特征的政治结构与公民教育是尖锐对立的。尽管辛亥革命推翻我国封建君主统治而建立了中华民国，但中国社会很快陷入了军阀混战的局面，国家主权掌握在少数军阀手里。在社会文化方面，封建传统文化占据着社会的主导地位，也在相当程度上制约着公民教育文化的发展。尽管戊戌变法、辛亥革命、新文化运动及五四运动的发生，以及封建帝制的瓦解，使封建传统文化受到了社会进步力量的前所未有的猛烈冲击，但由于长期占据社会统治地位的封建传统文化已经深入到中国社会的方方面面，因而在短时间内难以彻底退出历史舞台。总之，公民教育就是在这样一个自然经济和封建文化占据统治地位的社会现实中开始其探索历程的。因而公民教育在中国社会的发展进程注定不平坦。

民国时期教育界人士欲通过公民教育改变国家积贫积弱局面的愿望虽

---

[1] 马克思恩格斯选集：第2卷［M］. 北京：人民出版社，1995：32.

美好，但在当时社会经济极端萧条、政治局势混乱、人民生活困苦不堪的社会环境下，仅仅依靠公民教育试图改变当时民族国家的悲惨命运是难以奏效的。而且，在民族不独立、国家不统一、人民无权力的半殖民地半封建社会中，公民教育的主张也并不能从根本上给濒临民族危亡的近代中国指明正确的发展走向。由于这一美好愿望在抗日战争爆发后的实践中不断碰壁，逐渐消沉，教育界中主张公民教育的许多人逐渐放弃了教育救国的幻想，毅然决然地走上了争取民族独立和人民解放的革命道路。基于此，我们认为，只有首先打倒西方殖民主义，改变中国军阀混战的局面，发展社会经济，提高人民的生活水平，才有可能真正挽救民族危亡，彻底改变国家积贫积弱的局面，实现国家的复兴强盛。

### （二）公民教育的受众文化程度低

民国时期教育界人士基于我国存在较大比例的农民群体且广大农民文化程度较低的社会现实，倡导公民教育要先解决识字问题，实施最简单的识字教育，希冀在认字基础上提高公民素质。如蔡元培指出："有这些没有受过教育的大多数人，无论有多么完善的宪法，只不过是供少数知识阶级的工具，于全民是没有关系的。"❶ 刘湛恩提出："识字为公民教育之初步，我国人民有百分之八十目不识丁，应先教以识字，然后始可灌输以政治社会外交等知识……"❷ 晏阳初也把"除文盲，做新民"作为平民的公民教育工作要旨并努力付诸实践。如他指出，"国人之不识字者，既占80%，根本知识，便无法灌输，故识字教育实为至要。""我们要大多数民众都能实行公民的权利，就得给他们一种公民教育。可是人若不先识字，连名字都不会写，那么关于种种公民活动，如怎样选举，怎样参与政治，是万不可能的。所以我们对今日的'平民'如果真要实施公民教育，必须从根本上着手，必须从识字教育着手。"❸ 在他看来，扫除文盲，提高广大国民的文化水平，是实现民主政治的基本要求，也是实施公民教育的必要

❶ 中国蔡元培研究会. 蔡元培全集：第6卷［M］. 杭州：浙江教育出版社，1997：423.

❷ 上海理工大学档案馆. 刘湛恩文集［M］. 上海：上海交通大学出版社，2011：14.

❸ 宋恩荣. 晏阳初卷［M］. 北京：中国人民大学出版社，2013：27－32.

前提。与此同时，他把识字教育落到实处且收效良好。他在河北定县的公民教育工作中，制定通用字表、基本字表、词表及应用简笔字，编写《平民千字课》《成人读本》《青年平民读本》等初步教材和课外读物，以供广大平民识字用，且亲自为广大平民开设识字课。据当时河北定县实验区的调查部推算，定县全县 14 岁至 25 岁的青年约有 82000 人，民国二十三年 6 月底全县青年文盲与识字者的数目比例为：全县青年文盲共计 32550 人，约占 39%；全县识字青年 49450 人，约占 61%，且到民国二十三年底青年文盲又可除去数千人。[1] 从这里，我们不难发现，尽管以晏阳初为代表的教育人士积极推行平民的识字教育工作，但仅河北一个定县的文盲人数就已达到一半，由此可推想全中国的文盲人数之多。可以说，公民教育受众的文化程度低，在相当程度上影响着公民教育在民国时期的普及与发展。实施公民教育，须从最简单的识字教育着手，其发展的艰辛可想而知。

### （三）公民教育有限的普及程度

民国时期公民教育有限的普及程度主要体现在以下两方面。一是民国时期学校公民教育尚未形成统一连贯的教育体系，中小学虽开设公民科教学，但大学公民教育依然较为缺乏，且中小学公民教育注重公民科教学，较忽视公民行为的训练[2]，也存在学校不重视，学生不注意，教材不适当，师资不足，教学无方法，缺少研究机构等主要缺点[3]。二是民国时期公民教育大多局限在学校范围，而针对广大民众的社会公民教育普及程度低。如沈子善在《公民教育的领域》中指出，当时中国大多民众误认学校为唯一的教育场所，所以公民教育的注意，始终不出学校教育范围，民众无系统的公民教育。[4] 民国时期大多民众忙于生计，没有闲暇接受公民教育，且由于受历史传统的深入影响，民众的生活状态散漫，不问公事。所以，要通过对于民众来说较为陌生的公民教育以革除他们身上的旧习惯，不是一件简单的事情。当时的社会现实是，民国时期公民教育的普及程度极其

---

[1] 马秋帆，熊明安．晏阳初教育论著选［M］．北京：人民教育出版社，1993：145．

[2] 沈子善．公民教育的领域［J］．教与学月刊，1936（2）．

[3] 夏贯中．侨民中学之公民教育［J］．侨民教育季刊，1942（1）．

[4] 沈子善．公民教育的领域［J］．教与学月刊，1936（2）．

有限，希冀通过公民教育改变传统的国民旧习也并非一朝一夕能够实现，先进的教育者们为挽救民族危机而培养健全的公民，革新国民旧习努力的成效受到很大的限制。

### （四）公民权利意识教育力度不足

“救亡图存”“教育救国”成为19世纪末20世纪前半叶中国教育界中的仁人志士在面对中华民族沉重民族危机时的人生理想。他们怀有强烈的爱国热情，面对民族国家的悲惨境遇没有坐以待毙，而是把救国救民的希望寄托于教育上的自觉。他们把目光投向西方，积极向西方学习，反思传统，革新教育，塑造新民，以期挽救深重的民族灾难，改变国家积贫积弱的社会现实。可以说，该时期无论是百家争鸣的新教育思想，还是百花齐放的新教育实践，其主要目的均在于通过教育上的觉醒与革新来改造国民性，以实现民族国家的独立与解放。任何不利于这一伟大目标实现的教育主张与实践都暂缓搁置。

同样地，民国时期教育界人士的公民教育也为应对拯救民族危亡、改革中国社会的时代任务而产生发展的。该时期的公民教育以民族国家的整体利益为本位，致力于培育国民的公民权利义务观、政治参与意识、民主法治观、民族国家观，希冀塑造新型国民，实现民族国家的复兴强盛。因而民国时期的公民教育主要强调国家利益的实现，对公民自由权利表达与实现关切不够。尽管也涉及公民在政治、经济和文化方面的权利内容，但也尚未成为关注的焦点。正如有学者指出：“我国近代公民教育虽然均强调人的主体性意识的培养，但在面临个人自由与国家自由之对立关系时，往往基于民族主义的需要而弱化个人自由意识的培育，强调国家自由意识的灌输”[1]。这在一定程度上会影响公民利益的伸张、公民权利的实现，有碍于中国公民文化发展。

总之，改变中国封建社会两千多年所形塑的传统国民劣性，并非一朝一夕所能完成实现的。再加上中国传统社会经济、政治、文化、教育方面的种种弊端，在相当程度上导致公民教育在中国推行的艰难与反复。

[1] 吴渊，李良玉．我国近代公民教育的概念范畴和启示［J］．中国成人教育，2014（9）．

# 参考文献

## 一、专著类


[1] 马克思恩格斯选集：1—4 卷［M］. 北京：人民出版社，2012.

[2] 列宁全集：第 42 卷［M］. 北京：人民出版社，1987.

[3] 毛泽东选集：第 2 卷［M］. 北京：人民出版社，1991.

[4] 毛泽东选集：第 4 卷［M］. 北京：人民出版社，1991.

[5] 江泽民. 论“三个代表”［M］. 北京：中央文献出版社，2001.

[6] 江泽民. 在中国共产党第十六次全国代表大会上的报告——全面建设小康社会 开创中国特色社会主义事业新局面［M］. 北京：人民出版社，2002.

[7] 胡锦涛. 在中国共产党第十七次全国代表大会上的报告——高举中国特色社会主义伟大旗帜 为夺取全面建设小康社会新胜利而奋斗［M］. 北京：人民出版社，2007.

[8] 胡锦涛. 在中国共产党第十八次全国代表大会上的报告——坚定不移沿着中国特色社会主义道路前进 为全面建成小康社会而奋斗［M］. 北京：人民出版社，2012.

[9] 习近平. 把培育和弘扬社会主义核心价值观作为凝魂聚气强基固本的基础工程［N］. 人民日报，2014-02-26（1）.

[10] 亚里士多德. 政治学［M］. 吴寿彭，译. 北京：商务印书馆，1983.

[11] 柏拉图. 理想国［M］. 郭斌和，张竹明，译. 北京：商务印书馆，2012.

[12] 威廉·F. 马克威克，威廉·A. 史密斯. 公民的诞生［M］. 戚成炎，袁利丹，译. 天津：天津人民出版社，2012.

[13] 可索克. 德国公民教育［M］. 金澍荣，黄觉民，译. 北京：商务印书馆，1937.

[14] 哈朴. 苏俄公民训练［M］. 郑群彦，编译. 上海：青年协会书局，1934.

[15] 彼得斯. 法国公民教育［M］. 张怀，编译. 北京：商务印书馆，1939.

[16] 布鲁克斯. 瑞士公民教育［M］. 北京：商务印书馆，1937.

[17] 克拉夫，司乃德. 意大利公民教育［M］. 胡贻谷，译. 北京：商务印书馆，1937.

[18] 可索克. 德国公民教育［M］. 金澍荣，黄觉民，译. 北京：商务印书馆，1937.

[19] 范寿康. 日本公民教育［M］. 北京：商务印书馆，1937.

[20] 高士. 英国公民教育［M］. 黄嘉德，译. 北京：商务印书馆，1937.

[21] 约翰·洛克. 教育漫话［M］. 徐大建，译. 上海：上海人民出版社，2011.

[22] 霍布斯. 论公民［M］. 应星，冯克利，译. 贵州：贵州人民出版社，2003.

[23] 约翰·杜威. 民主主义与教育［M］. 王承绪，译. 北京：人民教育出版社，1990.

[24] 苏霍姆林斯基. 公民的诞生［M］. 黄之瑞，译. 北京：教育科学出版社，2002.

[25] 马卡连柯. 马卡连柯教育文集［M］. 吴式颖，等译. 北京：人民教育出版社，2005.

[26] 约翰·杜威. 民主主义与教育［M］. 王承绪，译. 北京：人民教育出版社，2001.

[27] 乌申斯基. 乌申斯基教育文选［M］. 张佩珍，等译. 北京：人民教育出版社，2004.

[28] 德里克希特. 何为公民身份［M］. 郭忠华，译. 长春：吉林出版集团有限责任公司，2007.

[29] 卢梭. 爱弥儿［M］. 李平沤，译. 北京：商务印书馆，1996.

[30] 查理德·贝拉米. 重新思考自由主义［M］. 王萍，等译. 南京：江苏人民出版社，2005.

[31] 卢梭. 社会契约论［M］. 何兆武，译. 北京：商务印书馆，1980.

[32] 彼得·雷森伯格. 西方公民身份传统——从柏拉图到卢梭［M］. 郭台辉，译. 长春：吉林出版集团有限责任公司，2009.

[33] 菲利普·汉森. 历史、政治与公民权：阿伦特传［M］. 刘佳林，译. 南京：江苏人民出版社，2004.

[34] 莫里斯·罗奇. 重新思考公民身份——现代社会中的福利、意识形态和变迁［M］. 郭忠华，等译. 长春：吉林出版集团有限责任公司，2010.

[35] 冯·哈耶克. 自由秩序原理［M］. 邓正来，译. 北京：生活·读书·新知三联书店，1997.

[36] 英格尔斯. 人的现代化——心理·思想·态度·行为［M］. 殷陆君，译. 成都：四川人民出版社，1985.

[37] 陈筑山. 公民道德根本义 [M]. 北京：中华平民教育促进会，1931.
[38] 舒新城. 近代中国教育思想史 [M]. 福州：福建教育出版社，2007.
[39] 宋恩荣. 晏阳初卷 [M]. 北京：中国人民大学出版社，2013.
[40] 吴相湘. 晏阳初传——为全球乡村改造奋斗六十年 [M]. 长沙：岳麓书社，2001.
[41] 马秋帆，熊明安. 晏阳初教育论著选 [M]. 北京：人民出版社，1993.
[42] 上海理工大学档案馆. 刘湛恩文集 [M]. 上海：上海交通大学出版社，2011.
[43] 宋恩荣. 晏阳初卷 [M]. 北京：中国人民大学出版社，2013.
[44] 金立人，贺世友. 杨贤江传记 [M]. 北京：光明日报出版社，2005.
[45] 杨奎松. 忍不住的"关怀"：1949 年前后的书生与政治 [M]. 桂林：广西师范大学出版社，2013.
[46] 张瑞璠，金一鸣. 中国学术名著提要·教育卷 [M]. 上海：复旦大学出版社，1996.
[47] 舒新城. 我和教育 [M]. 上海：中华书局，1946.
[48] 喻本伐. 杨贤江"新教育"理论的形成 [M]. 北京：光明日报出版社，2005.
[49] 杨贤江教育思想研究会. 杨贤江记念集 [M]. 北京：商务印书馆，1985.
[50] 高平叔. 蔡元培教育论著选 [M]. 北京：人民教育出版社，1991.
[51] 梁漱溟. 中国文化要义 [M]. 上海：上海人民出版社，2011.
[52] 梁漱溟. 东西文化及其哲学 [M]. 北京：商务印书馆，2012.
[53] 张岱年，程宜山，中国文化精神 [M]. 北京：北京大学出版社，2015.
[54] 刘湛恩. 公民与民治 [M]. 上海：青年协会书局，1926.
[55] 杨贤江. 新法公民教科书 [G] //杨贤江全集第 6 卷 [M]. 郑州：河南教育出版社，1995.
[56] 蔡元培. 在育德学校演说之述意. 中国人的修养 [M]. 北京：中国工人出版社，2008.
[57] 舒新城. 新中学教科书初级公民课本：卷三 [M]. 上海：中华书局，1926.
[58] 董宝良. 陶行知教育论著选 [M]. 北京：人民出版社，2015.
[59] 张枬，王忍之. 说国民. 辛亥革命前十年间时论选集：第 1 卷：上册 [M]. 北京：三联书店，1960.
[60] 舒新城. 新中学教科书初级公民课本：卷一 [M]. 上海：中华书局，1926.
[61] 刘湛恩. 国庆节与公民教育运动 [M]. 上海：青年协会书报部，1925.
[62] 吕达，刘立德. 舒新城教育论著选：上 [M]. 北京：人民教育出版社，2000.

[63] 蔡元培. 蔡孑民先生言行录 [M]. 桂林：广西师范大学出版社，2005.
[64] 胡晓风，等. 陶行知教育文集 [M]. 成都：四川教育出版社，2007.
[65] 葛懋春，李兴芝. 胡适哲学思想资料选：上 [M]. 上海：华东师范大学出版社，1981.
[66] 单中惠，王凤玉. 杜威在华教育讲演 [M]. 北京：教育科学出版社，2007.
[67] 中国蔡元培研究会编. 蔡元培全集：第6卷 [M]. 杭州：浙江教育出版社，1997.
[68] 刁瑷辉. 当代公民身份理论研究 [M]. 上海：复旦大学出版社，2014.
[69] 高峰. 美国政治社会化研究 [M]. 北京：首都师范大学出版社，2004.
[70] 戴维·伯姆. 论对话 [M]. 王松涛，译. 北京：教育科学出版社，2004.
[71] 伍华军，周叶中. 我国公民意识及其培植研究 [M]. 武汉：武汉大学出版社，2014.
[72] 朱永新. 沟通与融合——中国近现代教育思想史 [M]. 北京：人民教育出版社，2004.
[73] 董宝良，周洪宇. 中国近现代教育思潮与流派 [M]. 北京：人民教育出版社，1997.
[74] 杨少松，周毅成. 中国教育史稿 [M]. 北京：教育科学出版社，1989.
[75] 许崇德. 宪法学 [M]. 北京：高等教育出版社，2000.
[76] 梁金霞. 中国德育向公民教育转型研究 [M]. 北京：知识产权出版社，2009.
[77] 郑惠卿. 凯兴斯泰纳教育论著选 [M]. 北京：人民教育出版社，2004.
[78] 袁公为. 公民教育概论 [M]. 贵阳：文通书局，1942.
[79] 张秀雄. 公民教育的理论与实施 [M]. 台北：台湾师大书苑，1998.
[80] 秦树理. 国外公民学 [M]. 郑州：郑州大学出版社，2009.
[81] 赵晖. 社会转型与公民教育：中国公民教育目标与内容体系的建构 [M]. 北京：人民教育出版社，2007.
[82] 龚启昌. 公民教育学 [M]. 南京：中正书局，1947.
[83] 熊子容. 公民教育 [M]. 上海：商务印书馆，1933.
[84] 郑惠卿. 凯兴斯泰纳教育论著选 [M]. 北京：人民教育出版社，2004.
[85] 孙兰芝. 公民教育的国际视野 [M]. 重庆：西南师范大学出版社，2007.
[86] 焦国成. 公民道德论 [M]. 北京：人民出版社，2004.
[87] 万健琳. 共和主义的公民身份理论：一种观念史的考察 [M]. 北京：中国社会科学出版社，2011.

[88] 蓝维，高峰. 公民教育：理论、历史与实践探索［M］. 北京：人民出版社，2007.
[89] 檀传宝. 公民教育引论：国际经验、历史变迁与中国公民教育的选择［M］. 北京：人民出版社，2011.
[90] 江国华. 宪法与公民教育——公民教育与中国宪政的未来［M］. 武汉：武汉大学出版社，2010.
[91] 严复. 严侯官文集［M］. 北京：特别译书书局，1903.
[92] 梁启超. 新民说［M］. 桂林：广西师范大学出版社，2012.
[93] 梁启超. 少年中国说［M］. 北京：东方出版社，1998.
[94] 李侃. 中国近代史［M］. 4 版. 北京：中华书局，2004.
[95] 蒋廷黻. 中国近代史［M］. 武汉：武汉出版社，2014.
[96] 中央教育科学研究所，厦门大学. 杨贤江教育文集［M］. 北京：教育科学出版社，1982.
[97] 舒新城. 近代中国教育史料［M］. 北京：中国人民大学出版社，2012.
[98] 舒新城. 中国近代教育史资料：上册［M］. 北京：人民教育出版社，1981.
[99] 舒新城. 中国近代教育史资料：中册［M］. 北京：人民教育出版社，1981.
[100] 刘大明. 民族再生的期望：法国大革命时期的公民教育［M］. 北京：中国社会科学出版社，2005.
[101] 台湾师范大学学术研究委员会. 明日的公民教育——教育的回顾与展望［M］. 台北：台北幼师文化事业公司，1983.
[102] 郭忠华，刘训练. 公民身份与社会阶级［M］. 南京：江苏人民出版社，2007.
[103] 全国教育联合会新学制课程标准起草委员会. 新学制课程标准纲要［M］. 上海：商务印书馆，1925.
[104] 高平叔. 蔡元培全集：第一卷［M］. 北京：中华书局，1959.
[105] 张瑞璠，金一鸣. 中国学术名著提要·教育卷［M］. 上海：复旦大学出版社，1996.
[106] 舒新城. 我和教育［M］. 上海：中华书局，1946.
[107] 蔡元培. 中国人的修养［M］. 北京：中国工人出版社，2008.
[108] 黄仁宇. 中国大历史［M］. 北京：生活·读书·新知三联出版社，2007.
[109] 郑大华，邹小站. 辛亥革命与清末民初思想［M］. 北京：中国社会科学文献出版社，2012.
[110] 郭廷以. 近代中国的变局［M］. 北京：九州出版社，2012.

［111］吕思勉. 中国近代史：1840—1949［M］. 上海：华东师范大学出版社，2012.

［112］苏同炳. 中国近代史上的关键人物［M］. 天津：百花文艺出版社，2013.

［113］张玉法. 近代变局中的历史人物［M］. 北京：九州出版社，2013.

［114］黄克武. 近代中国的思潮与人物［M］. 北京：九州出版社，2013.

［115］孟庆埼，董献仓主. 影响中国近代历史进程的人物［M］. 北京：中国人事出版社，2012.

［116］余英时. 现代危机与思想人物［M］. 北京：生活·读书·新知三联书店，2005.

［117］秦树理. 国外教育概览［M］. 郑州：河南医科大学出版社，2005.

［118］章秀英. 公民意识评价与培育机制［M］. 北京：中国社会科学出版社，2012.

## 二、外文类

［1］KENNEDY K J. 2010. Young citizens in Hong Kong：obedient，active and patriotic? Social Psychology of Education，13：111－127.

［2］Hong－ming Liang. 2003. Regulating revolution：citizenship，education，and the politics of chinese nationalism，1927—1937，Washington university of Department of History.

［3］JOSEPH R. 2007. Articulating citizenship：civic education and student politics in Southeastern China，1912—1940，the Harvard University Asia Center.

［4］Hung Chung Fun Steven. 2014. The Prewar School Civic Education Policy in Hong Kong：A Historical Comparative Analysis，The Hong Kong Institute of Education，11（2）：132－151.

［5］LIU J. 2011. Articulating Citizenship：Civic Education and Student Politics in Southeastern China，1912—1942（review），China Review International，18（2）：179－182.

［6］Jian－xing Yu，Tao－feng. 2010. Civic Education and Transition Governance in China，Peace Review，22（3）：295－302.

［7］SALLY B. 2009. Articulating Citizenship：Civic Education and Student Politics in Southeastern China，1912—1945（review），Harvard Journal of Asiatic Studies，69（2）：443－450.

［8］WESTHEIMER J，KAHNE J. 2004. What Kind of Citizen? The Politics of Educating for Democracy，American Educational Research Journal，41：237.

## 三、期刊论文类

[1] 穆六田. 公民教育 [J]. 京师教育报, 1914 (2).
[2] 公寓. 公民教育 [J]. 浙江教育杂志, 1922 (2).
[3] 天民. 公民教育论 [J]. 教育杂志, 1916 (5).
[4] 冰森. 公民教育谈 [J]. 市民, 1929 (2).
[5] 天民. 公民教育问题 [J]. 教育杂志, 1913 (10).
[6] 龚启昌. 宪政与公民教育 [J]. 教育通讯, 1947 (7).
[7] 天民. 公民教育论 (续) [J]. 教育杂志, 1916 (8).
[8] 天民. 德国之公民教育 [J]. 教育杂志, 1916 (7).
[9] 曾在干. 略论公民教育 [J]. 教育杂志, 1928 (2).
[10] 胡琦. 公民教育与改造社会 [J]. 半月评论, 1932 (1).
[11] 天民. 德国之公民教育 (续) [J]. 教育杂志, 1916 (8).
[12] 陈筑山. 平民的公民教育之计划 [J]. 教育杂志, 1927 (9).
[13] 叶岛. 建设公民教育的一点理想 [J]. 教育通讯, 1946 (12).
[14] 彼斯特. 有目的的公民教育之举例 [J]. 教育杂志, 1936 (4).
[15] 张振宇. 公民教育的使命及其价值 [J]. 青年月刊, 1937 (4).
[16] 米里斯. 公民教育之理想材料及方法 [J]. 浙江教育月刊, 1918 (10).
[17] 周鲠生. 公民教育的几个基本问题 [J]. 教育通讯, 1938 (37).
[18] 张彝鼎. 近代国家制度与我国公民教育 [J]. 教育通讯, 1938 (37).
[19] 简贯三. 中国公民教育的社会学观 [J]. 教育通讯, 1938 (37).
[20] 胡崐. 关于中国今代的公民教育一点意见 [J]. 教师进修期刊, 1936 (5).
[21] 陈独秀. 敬告青年. 青年杂志 [J]. 1915, 1 (1).
[22] 李芳. 中国公民教育问题研究路径综述 [J]. 理论学刊, 2006 (3).
[23] 馨元. 公民概念在我国的发展 [J]. 法学, 2004 (6).
[24] 唐珠瑶. 公民概念质疑 [J]. 中国法学, 1993 (4).
[25] 商红日. 公民概念与公民身份理论——兼及中国公民身份问题的思考 [J]. 上海师范大学学报: 哲学社会科学版, 2008 (6).
[26] 张镇镇. 公民概念的变迁与人的发展 [J]. 学校党建与思想教育, 2010 (13).
[27] 孙玉红等. 西方"公民"概念演变的历史考察——基于个人与国家关系的维度 [J]. 人民论坛, 2013 (23).
[28] 江宜桦. 公民理念与公民的教育 [J]. 通识教育季刊, 2005 (1).
[29] 洪明等. 国际视野中公民教育的内涵与成因 [J]. 国外社会科学, 2002 (4).

[30] 朱元善. 今后之教育方针——实施公民教育 [J]. 教育杂志，1916 (4).

[31] 姬振旗. 公民教育概念辨析 [J]. 河北法学，2008 (1).

[32] 商红日. 现代政治生活与政治伦理 [J]. 中国特色社会主义研究，2004 (2).

[33] 顾树森. 对于改革现行学制之意见 [J]. 教育杂志，1920 (9).

[34] 都冬云. 20世纪初中国公民教育探索及启示 [J]. 常熟理工学院学报. 哲学社会科学，2011 (11).

[35] 暨爱民. “公民教育”与“民族国家”诉求——以近代中国知识分子的公民教育观为分析对象 [J]. 教学与研究，2011 (1).

[36] 施莉. 蔡元培公民道德教育思想介评 [J]. 宁波大学学报：教育科学版，2008 (2).

[37] 陈兆旺. 晏阳初公民教育思想探析 [J]. 理论界，2010 (1).

[38] 许成人. 毛泽东早期探索新教育的实践 [J]. 江西教育科研，1995 (6).

[39] 舒新城. 什么是道尔顿制 [J]. 教育杂志，1922 (14).

[40] 中华教育改进社第一次年会公民教育组会议记录 [J]. 新教育，1922 (3).

[41] 汪懋祖. 中学公民课程之讨论 [J]. 教育杂志，1947 (6).

[42] 熊子容. 中国的两种教育——生产教育公民教育实施的原则 [J]. 教育学，1934 (1).

[43] 黄百荷. 学生自治会是国民自治的初步 [J]. 浙江省立第十一中学月刊，1933 (11).

[44] 学生自治纲要案 [J]. 教育杂志，1920 (12).

[45] 要（笔名）. 个人宜有自治能力 [J]. 通俗教育杂志，1913 (3).

[46] 杨贤江. 公民科课程纲要 [J]. 教育杂志，1923 (15).

[47] 天民. 公民教育论 [J]. 教育杂志，1916 (5).

[48] 曾在干. 略论公民教育 [J]. 教育杂志，1928 (2).

[49] 郑一华. 新俄成人的公民教育 [J]. 教育杂志，1931 (23).

[50] 苏联的公民教育 [J]. 李万居，译. 时事类编，1935 (3).

[51] 马精武. 尚公学校儿童自治的昨今明 [J]. 教育杂志，1929 (5).

[52] 何镛. 我校之学生自治会 [J]. 少年杂志，1919 (10).

[53] 盛朗西. 上海中学实验小学儿童自治概况 [J]. 教育杂志，1929 (5).

[54] 天民. 德国之公民教育 [J]. 教育杂志，1916 (8).

[55] 金崇如. 中学公民教育之改造与实施 [J]. 中华教育界，1926 (6).

[56] 黄治文. 中华基督教青年会与公民教育运动 [J]. 甘肃社会科学，2010 (6).

［57］杨克贵．杨贤江与小学公民教学［J］．安徽教育学院学报，2015（4）．
［58］王天根．严复与晚清政府［J］．史学月刊，2006（8）．
［59］黄仁贤．严复的三育救国论与近代公民教育的发轫［J］．福建论坛：人文社会科学版，2000（5）．
［60］李杰．新吾国 新吾民——梁启超国民性改造思想探析［J］．理论界，2010（9）．
［61］刘保刚．新文化运动后中国公民教育思想研究——限于1925—1945时段的考察［J］．郑州大学学报：哲学社会科学版，2007（6）．
［62］徐元善．小学校公民教育之五大问题［J］．新教育，1925（1）．
［63］张太原．孙中山与党化教育［J］．史学月刊，2007（2）．
［64］马广荣．孙中山的理想人格对中国现代化的影响［J］．延安大学学报，2001（1）．
［65］黄寿松．论马克思主义与五四后期国民性改造思想的转换［J］．现代哲学，2010（6）．
［66］吴亚玲．二十世纪二十年代中国公民教育运动初探［J］．教育史研究，2010（3）．
［67］代贝，周光稷．价值与模式：历史视野中的我国公民教育及其展望［J］．教育学报，2007（4）．
［68］田海洋．民初公民教育兴起及思想的导入与传播［J］．求索，2011（9）．
［69］吴渊，李良玉．我国近代公民教育的概念范畴和启示［J］．中国成人教育，2014（9）．
［70］郭小香．辛亥革命与中国公民教育的发展［J］．教育学术月刊，2012（1）．
［71］胡艳蓓．当代西方公民教育思想述评［J］．国外社会科学，2002（4）．
［72］毕苑．民国的公民教育［J］．炎黄春秋，2012（4）．
［73］刘霞．中国传统文化与公民教育［J］．高等教育研究，2015（7）．
［74］林杰．民国时期的公民教育［J］．博览群书，2012（5）．
［75］阎国胜，孟学华．民国时期学生公民意识教育研究及启示［J］．兰台世界，2015（10）．
［76］于宁志．民国的公民教育思想［J］．内江师范学院学报，2013（11）．
［77］吴渊，李玉良．我国近代公民教育的概念范畴和启示［J］．中国成人教育，2014（9）．
［78］檀传宝．论“公民”概念的特殊性与普适性——兼论公民教育概念的基本内涵［J］．教育研究，2010（5）．

[79] 刘争先. 李大钊公民教育思想研究 [D]. 北京：北京大学，2010.

[80] 杨才林. “作新民”“唤起民众”——民国社会教育研究 [D]. 北京：首都师范大学，2007.

[81] 刘宇. 从臣民到公民——个人自由与权力生产历程的逻辑性考察 [D]. 天津：南开大学，2010.

[82] 陈勇军. 严复的制度与国民性互动思想研究 [D]. 北京：首都师范大学，2010.

[83] 陈华. 中国公民教育的诞生——课程史的研究 [D]. 上海：华东师范大学，2012.

[84] 张昌林. 共和主义公民身份研究 [D]. 济南：山东大学，2010.

[85] 贾蕊蕊. 社会文化变迁中公民教育的本土演进——基于民国时期中小学的历史考察 [D]. 上海：华东师范大学，2006.

[86] 彭刚. 卢梭的共和主义公民理论 [D]. 杭州：浙江大学，2008.

[87] 王巨光. 民主教育社团与民主教育 [D]. 武汉：华中科技大学，2007.

[88] 曲丽涛. 当代中国公民意识发育问题研究 [D]. 济南：山东大学，2011.

[89] 程德慧. 当代中国学校公民意识教育研究 [D]. 上海：华东师范大学，2012.

[90] 聂雯嫔. 蔡元培公民道德教育思想探析 [D]. 南昌：江西师范大学，2013.

[91] 贾蕊蕊. 社会文化变迁中公民教育的本土演进——基于民国时期中小学的历史考察 [D]. 上海：华东师范大学. 2013

[92] 聂雯嫔. 蔡元培公民道德教育思想探析 [D]. 南昌：江西师范大学，2013.

[93] 刘峰. 20 世纪 30 年代农村复兴思潮研究 [D]. 长沙：湖南大学，2015.